心構えを変でれば道は拓ける

What if we rewrite the stars

「勝つ意志」

もし、お前が敗れると考えているなら
お前は破れる
お前がどうしてもと考えないなら
何ひとつ成就しない
お前が勝ちたいと思っても、勝てないと考えるなら
お前に勝利は微笑まない
もし、お前がいいかげんにやるなら
お前は失敗する
僕たちがこの世の中で見出すものは
成功は、人の意志によってはじまり

すべては人の心構えによって決まるということだ
もし、お前が落伍者になると考えるなら
お前はそのとおりになる
お前が高い地位に昇ることを目指すなら
勝利を得る前に
必ずできるという信念を持たなければならない
人生の戦いにおいては、常に
強い人に歩があるのではない
早い人に歩があるのではない
いずれ勝利を獲得する人は
「オレはできるんだ」と考えている人だ

ナポレオン・ヒルの言葉

はしがき

この本を手に取ってくれて、ありがとう。これを読むことによって、あなたはこれまで以上に、豊かで、充実した人生を歩む決意をし、その目標に向かって歩み始めてくれたということになるだろう。

現実に失望した人よ。自信を喪失した人よ。悔し涙に咽ぶ人よ。そして悲嘆の涙に明け暮れる人よ。

時は来た！　今日より高い目標を設定し、希望を持ってスタートしよう。

本書はこのような勇気を、数多の人々に与えることができるものと信じて疑わない。どこから読み始めても良い。半分を読めばあなたの胸は熱くなり、こうした考え方が次第に芽生えてくることを感じるであろう。

また、本容は、私の独立を支えてきた心構え、私自身の体験的な生き方論として、あなたの**人生を変えるのに役立つに違いない最高のものを編纂**して、一冊にまとめたものだ。

時代がどのように変わっても、人間の本質は変わらない。必要なことは、「人間とは何か」、「人間として何が正しいか」、「成功とは何か」、「自分はどう生きるか」など、自己の存在意義を確認しながら、人生の指針としての哲学を確立することだ。

今、存在するあなたは、過去、数々の選択を行ってきた結果であると言っても過言ではない。これまで、正しい選択をしていたならば、結果はおのずと出ているはずであり、本書を読む必要はないだろう。しかし、おおかたの人は、自分の人生はこれでいいのか、思い切って何かをしなくていいのだろうか、あるいは、成功というには物足りないものを感じているのではないか。

そうした疑問に気づいた時、その疑問と真っ向から向き合うことが大切である。そして、今、この時点から、正しい選択を積み重ね、一度決めた目標をあきらめずに成功するまでやり続けてほしい。始めることに遅いということはない。行動に移すことが成功への第一歩となる。

過去と他人は変えられない。しかし、自分と未来は変えられる。

「心が変われば態度が変わる　態度が変われば行動が変わる　行動が変われば習慣が変わる　習慣が変われば人格が変わる　人格が変われば運命が変わる　運命が変われば人生が変わる」

人生は今日が始まり。昨日まではリハーサル。今日からが本番。あなたの人生は、あなたが主役だ。強い願望をもって、目標に向かってしっかり歩を進めていってください。信念をもって正しく生きようとするあなたを、他人が阻害することなどできない。

一人でも多くの方に、成功体験をしていただけるよう、また、コロナ禍で疲弊した方々に元気が届くよう、心を込めて本書を世に送る。

最後に、本書の出版に際してNC労務出版部の方々には、大変お世話になりました。さらに、日頃から私の講演、講義を聴いてくださる皆様、拙著発刊のたびに購読してくださる全国の暖かい読者の皆様に、深謝申し上げる次第です。

ベートーベン ピアノソナタ第17番「テンペスト」を聞きながら

令和3年6月吉日

河野順一

目次

第2章 成功者に学ぶ

第3章 プラス思考の勧め

第4章 強い願望は実現する

第5章 人生は行動である

第6章 やり遂げる強さの秘訣

第7章 仕事で輝く

第8章 人生で輝く

第9章 リーダーの資質

第10章 生涯現役、コロナ禍に思うこと

第1章

自分の力を信じる

成功者は
何も特別なことをしたのではない
当たり前のことを当たり前に
あきらめずにコツコツとした
結果にすぎない

1 今日からが本番

人は誰しも、自分の人生の主人公である。練習なしのぶっつけ本番だから、時には失敗もあるし苦労もある。しかしまた、喜びや楽しみもある。人生には、**山があり谷があるから面白い**のだ。ハラハラドキドキの連続で、一時たりともドラマから目を離すことができない。

人生は安定しているほうが良い、と言う人もいないわけではないが、物語の一本調子にはすぐに飽きが来る。安心と安定だけではつまらない。なぜなら人は気まぐれで、飽きっぽい動物なのだから。平穏無事な生活を願いつつも、すぐに新鮮な刺激がほしくなる。だから、映画や書籍もホラーやサスペンスもの、アドベンチャーや悲恋物語など、超日常的な刺激的なジャンルが好まれる。

つまり、良い人がいて悪い人がいて、喜怒哀楽があって、初めてストーリーにメリハリがついて面白くなるのである。くわえて、**事実は小説より奇なり**。

とはいうものの、苦悩の真っ只中にあっては、それもまた趣きがあるなどとなかなか楽観できないだろう。時にはあれこれと思い悩み、己の不甲斐なさに眠れぬ夜を過ごすこともあるだろう。
しかし、谷が深ければ深いほど、その後訪れる山は高いと期待しよう。また、今がどん底であるならば、今後それ以上ひどい状態に陥ることにはならないと考えよう。今さえ何とか持ちこたえれば、あとは上がり調子に転じるのみ。

人間は、いくつになっても、またどんな場合でもやり直しがきく。過去は絶対に変えることはできないが、未来はあなたの意志一つでどのようにでもなるのである。

つまり人生は、今日、たった今が始まりと心得て、同じ失敗を繰り返さなければ良いのだ。**昨日まではリハーサル。**リハーサルではいくら失敗しても、本番でうまく演じることができれば良いのである。

人生という、たった一度の大芝居を、あなたには思う存分演じきってもらいたい。主演も脚本も演出もそして監督すらも、自らが手がける大舞台。誰にも真似できない、あなたの独壇場である。

さあ、あなただけしか演じることができない舞台に、今、幕があく！

成功へのワンポイントアドバイス

人生は今日が始まり、昨日まではリハーサル!!

② 潜在能力とは

あなたは、自分の持っている能力をしっかり把握しているだろうか？　自分のことなのだから自分が一番よくわかっていそうなものだが、実はそうではない。

ことわざに**「火事場の馬鹿力」**というのがある。通常、タンスなどは重くてとても持ち上がらない。しかし、ひとたび火事が起きて気が動転していると、普段持ち上げられないものをひょいと持ち上げてしまうことがある。この力が「火事場の馬鹿力」なのである。平常、重い物を持ち上げようとしたときには、自分の意識外で「これ以上重たいものは持つな」と脳が早めにブレーキ命令を出すから火事場の馬鹿力ほどの力は出せない。これは体に対する過分な負荷を避けるため、つまり体が簡単にオーバーヒートしてしまわないよう、安全なレベルを脳が設定しているのであり、それはわれわれが持つ能力の限界よりずっと低いレベルに位置している。したがって、**実際にはまだ持ち上げる力が残っているにもかかわらず、脳が設定したレベル以上の力は出せないものと私たちは思い込んでいる**のである。

ところが火事などで気が動転していると、脳も慌ててしまいこの停止命令を出せない状態となる。その結果、通常かかるはずのブレーキがかからず、本来持てる力の限界に限りなく近い力が発揮されるようになるわけだ。

私たちは様々な場面で、この思い込みというこのブレーキを解除し、持てる能力を最大限発揮することに努めたい。

さて、事故の後遺症による肢体不自由の苦難に打ち勝ち、有名画家兼詩人となられた星野富弘さんは、潜在能力を開花させた人の一人である。氏は大学を卒業後中学校の教諭になるが、クラブ活動の指導中に頸髄を損傷し手足の自由を失った。その後絶望の淵から立ち直り、口に筆をくわえて字や絵を書き始め一流になられた。事故にあわなかったら、おそらくご自身も、絵や詩の分野における現在のご活躍を予想することすらなかっただろう。

星野さんのみならず、われわれには自分でも気づいていない未知なる能力が数多く眠っている。それは老いも若きも、学歴のあるなしにかかわらず、すべての人に少なからず存在する貴重な財産なのである。

遅ればせながら、最近私はパソコン教室に通い始めた。あれは若い人がやるものだとばかり考えていたが、これがなかなか面白い。自分にはできないものとばかり思い込んでいたが、ここにも意外な潜在能力が隠されていた。

成功へのワンポイントアドバイス

「できない」という勝手な思い込みは、今すぐ排除しよう。

③ 青春とは

あなたにとって青春とは何であろうか？　正義感にあふれ、恐れを知らず、何にでも勇猛果敢に挑戦した、あの若かりし日のことであろうか？

だとしたら、**年齢こそ若いとはいえないが、私は現在も青春の真っ只中**である。

それを裏付ける証拠として、戦後、進駐軍として日本に駐留した、連合国軍最高司令官ダグラス・マッカーサーが好んだ詩に、詩人サムエル・ウルマンの「青春」がある。

全文はとても長いので、その要旨を紹介したい。

「青春とは人生のある期間をいうのではなく、
心の持ち方をいう。
……年を重ねただけで人は老いない。
理想を失うとき初めて老いる。」

よい言葉ではないか。心の持ちようで、人は生涯青春を過ごすことができるのだ。反対に、いくら年齢は若くとも、理想も持たずその日暮らしの刹那主義では、真の青春を謳歌することができない。

だから私たちは、年齢を理由に新しいことを始めない言い訳をしてはならない。何かを始めるのに、年齢は関係ないのである。希望と情熱さえあれば、人はいつまでも願望を成就することができるのである。

ケンタッキー・フライド・チキンのカーネル・サンダースは、60歳を過ぎてから、支給される年金を元手に、店の第一号を開いたという。作家、宇野千代は**才能の花は60歳過ぎにこそ咲く**と言い、**50代まではコツコツ能力を積み重ね、うまずたゆまず積み重ね、その結実が60代から人生を輝かせる**とまで言い切っている。

若さの秘訣は、サプリメントを飲むことでも、若作りをして身を飾りたてることでもない。要は、心の持ち方を工夫することなのである。

成功へのワンポイントアドバイス

年を重ねただけで人は老いない。理想を失うとき初めて老いる。

④ プライドを持つ

「人は誰しも素晴らしい潜在能力を授かった、選ばれしエリートである」といっても、なかなかしっくりこないかもしれない。

それは、私たちの成り立ちに始まる。

星の数ほどもある男女の中から、偶然にも〔なるべくしてなった運命かも知れないが〕父親と母親が出会い恋に落ちる。そしてうまい具合に、父親の精子と母親の卵子が出会って、あなたが生命体として息づくことになった。

その過程は、サバイバルそのもの。精子の大きさは、0・05〜0・07ミリメートルといわれるが、一度の射精で数千万個から2億個ともいわれる精子が放出されるのだ。しかし、その中から卵子と出会えるのは、通常たった1個の精子だけ。数千万個から2億個のライバルの中で、唯一選ばれた精子と受精して生命活動が始まった受精卵、そう、それがまぎれもないあなたなのである。

ここまで話を進めれば、**生を受けた時点で誰しもが選ばれた超エリート**である理由がおわかりいただけたことと思う。

さて、**成功をおさめた多くの人には、自分の存在を肯定的に考える特徴がある。**「自分は存在することに価値がある人間だ。みんなから好かれている」とまあ、このように考えるのである。謙虚さを美徳とする日本人の気質には、少々なじめない部分があるかもしれないが、自尊心＝プライドは、私たちが持てる能力を十分発揮するうえで、とても大切なことである。

よく、他人からほめてもらった言葉に対して「それほどでもありません」「たいしたことありません」と、謙遜したことを言う人がいる。しかし自尊心を高めるうえで、こうした言葉はできる限り控えたほうがよい。それというのも**謙遜するということは、知らないうちに自らのプライドを抑制することにつながっている**からだ。たとえれば、自動車にサイドブレーキをかけたまま運転するようなものである。サイドブレーキを引いたままでは、自動車も本来の馬力を出して走れない。

ではどうしたら、自尊心を高められるか？　それは難しいことではない。私の場合、就寝前に一日の反省とともに、必ず**「自分は価値ある人間だ」「自分は社会から必要とされている人間だ」と念じてから眠りにつくようにしている**。失敗はいつまでもクヨクヨせず、プラス思考を全身で心がけることが自尊心を高めるコツだ。

成功へのワンポイントアドバイス

成功をおさめた多くの人には、自分の存在を肯定的に考える特徴がある。

5 あなたの可能性は無限だ

「あなたはまだ小さいからできない」「あなたにはとうてい無理だ」「危ないからやめたほうがよい」

幼いころから私たちは、周りの大人が良かれと思って口にする心無いおせっかいにより、自分の能力を十分発揮せずに成長してきてしまった。

これは非常に残念なことである。絵が好きだったあなたに、画家が無理だといったい誰が決めたのだろうか。小説家を志望していたあなたに、文才がないと思い込ませたのはどこの誰だったのだろうか?

たしかに好きなことで身を立てるには、それなりの覚悟を必要とする。しかし、本人が不退転の志さえ持っていれば、将来のことなど周りの誰にも口出しする権利はない。なぜなら、**自分の将来に責任を持つのは他の誰でもないあなた自身なのである**。大人は子供より多くの経験をしている分、適切にアドバイスできるケースは多いものの、安全思考に陥りがちだ。それゆえ、子供が持つ無垢なチャレンジ精神を萎縮させてしまう弊害がある。

ここで「蚤の曲芸」の話をしよう。これは、尾崎一雄の小説「虫のいろいろ」という作品の中に出てくるものである。昭和初期にはこうした曲芸がされていたが、現在ではなかなかお目にかかる機会は少ない。

さて、蚤は見事なまでの跳躍力があるので、そのままでは一定の場所で芸をさせるのには不向きだ。そこで、蚤を捕まえて来て狭い容器に閉じ込めておく。そうすると、自慢の跳躍力を思う存分発揮できなくなるので次第に自分の跳躍力を忘れてしまい、最後には容器の丈しか飛べなくなってしまうのだ。こうしておいて曲芸師が芸を仕込んで舞台に立たせたのが、「蚤の曲芸」である。

本人ができないと思い込んでしまったことにより、本来の実力を発揮することができなくなってしまったという悲しくも残酷な話である。

このように、**自分の能力に自ら限界を作ってしまうのは愚の骨頂である**。周囲の人たちは、無責任な批評家であると心得て、あなたは自分のうちに眠る可能性に果敢にチャレンジしなければいけない。

成功へのワンポイントアドバイス

勝手な思い込みで、自ら能力の限界を作ってはいけない。

6 思い込みをやめる

自分で治りたいと切実に思わない病人が、健康を取り戻したためしがない。気持ちの持ちようで、よくなる病気も悪くなるし、瀕死の人が奇跡の快復を遂げたりもする。

ある日、事務所の職員が沈痛な面持ちで机に向かっていた。仔細ありげで、どうもいつもと様子が違う。いったいどうしたのかと、彼にわけを尋ねてみた。

「はい。医者嫌いの田舎の父が、突然母を伴って上京してきました。それというのも足の浮腫《むく》みが気になり20年ぶりに医者にかかったのですが、肝臓が悪いと脅かされ、1週間検査漬けだというのです。まだ70前なのに、入院したら最後、もう二度と出ては来られないと至って気弱で、掛ける言葉がないのです」

聞けば、肝臓が悪いはずなのに酒を禁じられるでもなく、検査は集中的に行うでもなく、素人目にも事態が緊迫しているとは思えない。そこで、私は事務員にこうアドバイスした。

「病は気からというだろう。健康な人でも下手に医者から脅かされ、もっともらしく検査をされたら、やがては本当の病人になってしまう。お父さんには、例の鎖につながれたサーカスの象の話をしてあげたかね」

「鎖につながれたサーカスの象」とは、このような話だ。サーカスには、象やライオン、トラといった獣が猛獣使いの前で猫のようにおとなしい。それは思い込みによるものなのだ。自己の持てる力を過小評価することが常態となり、猛獣使いに服従してしまう。

小象の頃から杭に鎖で繋がれていた象は、その杭が自分の力では到底引き抜けないと思い込んで育つ。やがて大人の象になり、実際にはそれを簡単に引き抜くことができるようになっても、できっこないと思い込んでいるから引き抜くことすら考えつかないのだという。

人も、これと同様である。自分より、権威がある人や、有識者とされている人の言葉は、そんなものかと俄かに信じてしまう。これは物事を判断するうえで、自らの経験則から来る少々の懐疑心より、肩書きや地位といったものの方がウエイトの大きい証拠に他ならない。特に、医者の言葉は神の言葉に等しい。だが、人には自然治癒力が備わっている。暴飲暴食を慎み、早寝早起きなどの正しい生活習慣を心がければ、たいていの病は治る。要は、心構えなのだ。

その後、象の話で息子から励まされた父親は、上京したときに使用していた杖も突かず、傍目にも背筋をしゃんと伸ばして家路に着いたという。彼はよい親孝行をした。

成功へのワンポイントアドバイス

「できない」「治らない」は、思い込みによるところが大きい。

⑦ ナンバーワンよりオンリーワン

今は解散した人気歌手グループ、SMAPの「世界でひとつだけの花」は大ヒットした。花はそれぞれ自分の美しさを知っており、他の花と競うことをしない。それにひきかえ、人間はすぐ誰が一番だとかいたずらに競いたがる。私たちはそれぞれがよいところを持っており、同じレベルで周りと比べることなどできないはずだ。だから、無用な競争は避けて自分の分野で一生懸命美しい花を咲かせよう、という内容だった。

この歌の最後は、**「一つとして同じものはないからナンバーワンにならなくてもいい、もともと特別なオンリーワン」**で締められている。

これまで日本の社会は、他者との競争の中でトップになることを強いてきた感がある。受験戦争に始まり、有名大学から一流企業へ入社することが成功とされ、就職した後には同期に抜きん出て役職に抜擢されることがエリートと考えられてきた。子供の頃から他者との競争の中でトップになること、つまり「ナンバーワン」が要求されてきたわけだ。

しかし、ここ数年の間に社会の価値観は大きく変化した。本来目指すべきは「ナンバーワン」ではなく、「オンリーワン」であったと気づき始めたのである。

「ナンバーワン」は一定の対象者の中でのトップにすぎない。一度トップになりその結果に満足してしまえば、それ以上の研鑽は期待できない。にもかかわらず、いつ二番手が迫ってくるか、いつ追い越されるかという見えない不安がつきまとい、一日たりとも安息はない。

私がサラリーマンをしていた頃、いつも成績が「ナンバーワン」でいられるよう自分にノルマを強いた。しかし、トップを走り続けていると、その先の目標がないので仕事が面白くない。だから私は、サラリーマンに見切りをつけて、自分の事務所を構えたのだ。

話を戻そう。**「ナンバーワン」に対して、「オンリーワン」は自分の可能性との戦いである。**

SMAPの歌のように、もともと特別なオンリーワンであることを意識し、自分だけの花を咲かせることに専心するところが意義深い。そのためには終身現役でありつづけ、常に自己研鑽しなければならないだろう。

有難いことにこの場合、他者との比較による無用なプレッシャーはない。なぜならその分野において、あなたしかできないのが「オンリーワン」なのであり、他者の代替は利かないからである。

あなたも「オンリーワン」の大きな花を咲かせよう!!

成功へのワンポイントアドバイス

「ナンバーワン」は他者との戦いであり、「オンリーワン」は自分の可能性との戦いである。

⑧ 自分は何ができるかを考えよう

成功に必要なスタンスは、なんといっても自助自立の精神である。

人間は自分でものを考え、気づき、自らで何とかしようと行動しなければ、いつまでたっても真の成長を遂げることはできない。したがって保護は、人に依存心を芽生えさせ、弱く役に立たない人間をつくり出すのがオチなのである。

フランスの思想家、ルソーはその著『エミール』で次のように述べている。

「子どもを不幸にする一番確実な方法は何か、知っているだろうか。それは、いつでも何でも手に入れられるようにしてやることだ」

したがって、自助自立の精神を培う一番よい方法は、周りが何もしないで放っておくことかもしれない。誰の助けも期待できずに放っておかれた本人は、いやがおうでも自力で立ち上がり、自分の置かれた境遇をよりよい方向へと改善していくに違いない。

こうした、自助自立の精神を備えた人々が構成員である組織は、会社にしても国家にしても、大きな発展が期待できる。人は、他人に何かをしてもらえることに期待してはいけない。逆に自分には何ができるのかを考えるべきなのだ。

次の言葉は、かの若き日のジョン・フランク・ケネディが大統領の就任挨拶で述べ、世界の人々に多大な感銘を与えたものである。

「国民諸君、国は諸君のために何を為しうるかを問い給うな、諸君が国のために何を為しうるかを問い給え」

当時アメリカでは、政府に向かって国民の不平不満が後を絶たなかった。やれ税金が高い、やれ軍備に金を使いすぎる、やれ福祉施設をもっと充実させろなど、文句の言い放題だった。そこへ登場したケネディ大統領が、国民に対し威厳を持ってビシッと嗜《たしな》めたのだ。国にあれこれ要求する前に、自分が国のために何ができるのかを問いなさい、と。

さて、この言葉の中で「国」をいろいろなものに置き換えてみたい。
夫婦においては「夫」「妻」。親子にあっては「親」「子」。あなたが会社員なら「会社」。あなたが学生なら「学校」。皆が相手に対し、自分は何ができるのかを考えて接していれば、今よりずっと住みやすい社会が実現するだろう。

成功へのワンポイントアドバイス

国は諸君のために何を為しうるかを問い給うな、
諸君が国のために何を為しうるかを問い給え。

⑨ 変えられるものと変えられないもの

世の中には、自分の力で変えられるものと変えられないものがある。もちろん変えられるものは、積極的によい方向へ変えるべきであるが、変えられないものを是が非でも変えようとしゃかりきになっても、徒労感がつきまとうだけである。そこでまず、私たちは、変えられるものと変えられないものがある現実を認識し、その見極めを瞬時につけられるようにしなければならない。

次に、誰にも変えられるものには何があるだろうか？　その一つは「未来」であり、もう一つは「自分」である。

では、変えられないものには何があるか？　もうお分かりのことと思うが、それは「過去」と「他人」である。

人は皆、程度の差こそあれ、自己中心的な生き物だ。誰しも自分のものさしで世の中を測るわけだが、**自らがすることに関してその目盛りは甘く、反対に他人に対しては厳しい**。だから、何かうまくいかないことがあると、自分の非は棚に上げて、他への責任転嫁や、できなかった言い訳をしたりする。

しかし、これでは何の解決にもならない。現状を客観的に把握し、代替案を出さなければ、次のステップに進むことはできないのだ。

したがって、**過去にしてしまったことをその時点にさかのぼって修復することはできないが、今後、自分の考え方や手法を変えることによって、起死回生はいくらでも可能**である。要は、そのことに気づく勇気だ。

また、他人に自分の意見を押し通そうとしてもなかなかうまくいくものではない。イソップ物語に「北風と太陽」という話があるが、まさにそれだ。北風と太陽、どちらが先に旅人のコートを脱がすことができるか？

着用している厚いコートを無理やり脱がそうとしたら、人はかたくなにそれを拒む。これが冷たい風を旅人に容赦なく吹きつけた、北風の大失敗。一方、太陽がしたように、暖かく包みこめば人は自発的にコートを脱ぐのである。

人を変えようとしても、簡単に変えられるものではない。どうするかは、本人の意思に任せ、私たちは太陽のように他人のインセンティブを高める手助けに徹すべきだろう。

成功へのワンポイントアドバイス

「他人」と「過去」は変えられないが、「自分」と「未来」は変えられる。

⑩ 時代に敏感になる

「無常」という言葉がある。これは、一時たりとも同じ時はありえないということである。

私たちは日常生活で、ともするとこの「無常」を忘れそうになる。朝仕事に出かけて帰ってくれば、昨日と同じ家族の顔があり、テレビでは、同じ時刻に、同じニュースキャスターがその日の出来事を伝えている。食卓には、前日の献立とは違うものの、銘柄が同じいつものビールと、妻の手料理がところ狭しと並ぶ。

しかし、一見平和で表面的には何の変哲もない毎日だが、今日は確実に昨日と違う。たとえば、一日分、あなたの体は老化しているし、世界のどこかで起こった噴火が、地球の気候を変化させ、農作物へ少なからぬ影響を与えている。株価の変動は、日本経済を一喜一憂させているし、人口の高齢化は、国力の活性を少しずつ減速させている。一日単位では、なかなか変化を確認できないかもしれないが、日々の積み重ねにより、最終的にはっきりそれが認められるようになる。コロナ慣れしてしまった現状も同様だ。

このように、**見た目の変化は少ないものの、世の中は常に動いており、川の流れのよう**

に一時たりとも停滞していないのである。

ということは、**私たちも同じであってはならないことになる。時代の流れにあわせて柔軟に変化していかなければならない。**

いま従事している仕事も、顧客のニーズの変化に合わせて戦略を施さなければならないし、住居も治安の悪化に対処するため、セキュリティを充実しなければならないだろう。また神話が崩れ、銀行が倒産する時代にあっては、会社の会計のみならず、一般家庭においても投資の知識が必要になる。さらに、リスク分散のため、格付けが高い複数の金融機関に預金の預け換えも欠かせない。

つまり、**私たちは時代の呼吸に敏感でなければならない**のだ。さまざまなことに関心を持って、生涯勉強のスタンスを崩さないようにしなければならない。そして、それらの情報から、敏感に気づくこと、メッセージを読み取る能力を高め、今、自分の為すべきことをいち早く察知することが大切だ。自由競争の社会では、誰も親切に教えてはくれない。**唯一頼れるのは、自分自身だ。**

成功へのワンポイントアドバイス

生き筋を見据えながら、時代の変化にフレキシブルな対応ができるようになろう。

第2章

成功者に学ぶ

失敗したところで
やめてしまうから
失敗になる
成功するまでやり続けたなら
失敗は失敗ではなくなる

1 成功者に学ぶ

あなたが成功したいと考えるのならば、成功者に学ぶことをお勧めする。

とはいうものの、実際に成功者から手取り足取り教えを乞う機会にはなかなか恵まれないので、手近なところでは、その人物の著書や語録から学ぶのがよいだろう。願わくは、**成功者がやってきたことを、まずは「真似」して、自分の習慣として取り込んでしまう**ことが手っ取り早い。

「真似」すること、英語ではカンニングということになるが、こと試験をイメージすると聞こえは悪い。しかし、テスト中のカンニングは別としても**「真似」することは非常に良いこと**なのである。

赤ん坊から幼児期、学童期の子供を考えてみよう。彼らは、持って生まれたＤＮＡに多少の性向を刻まれて誕生してきたものの、その後多くの経験を踏まえて一個の人格を作り上げていく。この経験の中身に、「周りの模倣」がかなりの割合を占めているのである。

人は一歳ごろから二足歩行を行うが、これも当然のことではない。周りの人間が歩くのを見て歩くという行為を認識し、自分も真似してやってみて、周りからその行為を褒めてもらい、はじめて上手に歩けるようになるのだ。

さて１９２０年、インドのミドナプールのジャングルで、おそらく乳幼児期に捨てられ、その後狼に育てられた二人の少女が発見された。「カマラ」と「アマラ」と名付けられた彼女たちは、狼よろしく野山をかけまわり、死んだ鳥の肉を貪り食い、夜には遠吠えまでしたという。残念なことに、最後まで彼女らは人間社会になじむことなく短命を終えた。

子供は、周りの大人の言語や行動を真似して、自らも大人になっていく。これと同じで、成功したいと考えるのならば、成功者の良い習慣を真似ればよいのである。何も一から手探りで進むことはない。**成功者の行動パターンを何度も何度も自分に言い聞かせ、自らが成功者のごとく振舞っていれば、いずれ本物の成功者になれる**のである。

成功へのワンポイントアドバイス

よい習慣は、成功者に学び、真似ることからはじめよう。

2 読書の勧め

どんなに体調が悪くとも、私は1日に100ページほど本を読まないと落ち着いて眠れないほどの活字中毒である。是非は別として、食事の最中にも気になる本は手放せない。これが家人から、会話が少ないと謗りを受ける最大の理由である。

また出張が多い私は、地方講演へ出かけるときも十分すぎる余裕をもって現地入りし、駅を降りるとすぐに本屋の看板を探す。おかげで駅周辺にある書店の所在に明るい。

そんなわけで帰京する際、私の鞄はいつも新たな書籍でいっぱいになり、当地の土産物は遠慮がちに隅へとおいやられている。

東京でも買える代物を、どうして重い思いをしてわざわざ地方で求めるのか。

それは、琴線に触れる本と出会ってしまうからに他ならない。**なにも出会いは人に限ったことではないのだ。すばらしい絵画に出会い、自然に出会い、思想に出会い、こうした出会いは少なからずその人の人生に影響を与える。**

このように、私が読書へのこだわりを持つのには理由がある。

その理由とは、読書から得る人生の糧は計り知れないものがあるからなのだ。

開業当初の45年前、士業の資格を取得して、いざ脱サラという段で、かくいう私もあれこれ逡巡した。そしてひとたび決断してからの日々は、紆余曲折の連続だった。**せっかく取った「資格」を「死格」にさせてはいけない**との思いで、これまで必死に生きてきた。もちろん会社に依存できない生活だから、一日も疎かにしたことはない。時には瞳をくもらせ、拳で机を叩きたくなるようなこともあった。私とて人間。皆さんと同じ人の子なのだ。

しかし、こうした過去を懐かしみ、人から成功者と呼ばれる（本人はそう思っていない）今日があるのは、おそらく人よりほんの少し努力してきたからに違いない。これまで、数え切れないほどの恥もかいてきた。幾多の挫折も味わった。

ひとえに**清貧の志を捨てずに済んだのは、陽転思考を常に心がけた**よしであろう。身近にポップフィロソフィー（一般大衆哲学）を説く先輩がなかった私は、その陽転思考をあまたの本との出会いから学び取ったのだ。ナポレオンヒル然り、ディールカーネギー然り、松下幸之助然り。

私にとっての読書とは趣味以上の格別な思い入れがある。**書籍は時に人生の師であり、時に友であり、また著者となった今日では、未知の人物との幸運な出会いをも運んでくれる。**

成功へのワンポイントアドバイス

本は人生の師であり、友である。

3 学ぶ姿勢

一昔前までは、クラーク博士の言葉「少年よ大志を抱け」とともに、「末は博士か大臣か」といった、多くの人がステータスとする職業が存在した。こうした**志に支えられ、若者は貧しいながらも夢に向かって貪欲に勉強した**、という話は珍しくなかったはずだ。少しでも家計を助けるために、昼は町工場に勤め、夜学へ通い、大学受験を目指した苦学生も少なからずいた。続く彼らの大学生活は、学費稼ぎのアルバイトと、学位取得のための勉学に明け暮れるものの、その間隙を縫って政治や社会情勢に関する本をむさぼり読み、なお暇があれば学友とイデオロギーをはじめとした激論を交わしたものだった。

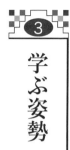

かくいう私もその苦学生の一人であった。それゆえ、夜学に通う学生の青春と人々の温かい交流が描かれた山田洋二監督の映画「学校」は、懐かしくもあり涙なしでは見ることができなかった。ただ確実にいえることは、あの頃の到底一言では語りつくせない苦労とネバリは、けっして無駄ではなかったということだ。むしろ、当時の経験が今の私を根底で支えているといってよいだろう。

これにひきかえ、最近は目的意識なしに在籍している学生が多いように思う。一年経てばなんとなく進級し、その日々の積み重ねで年数が過ぎ、特に注文をつけなければトコロテン式に上級校へ進学できる。こうして迎えた大学生活とは、自己の行動に責任を伴う社会人になるまでの青春を謳歌する場、と勘違いしている学生がほとんどなのではないか。こと勉強に関しては、「自分のためにさせてもらっているのだ」といった感謝ではなく、「親を安心させるためにしてやっているのだ」といった態度すらとる者も往々にして見受けられる。

そして、経済的にも親のすねかじりは当然のことであり、本人のアルバイト代はスマホの代金や外での飲食をはじめとする小遣《こづか》いにことごとく消える。これはファッションやグルメ、恋愛に関することなど、各テレビ局で毎日のようにゴールデンタイムを独占する、面白おかしいバラエティー番組を地で行くような生活ぶりといってもよいだろう。そこには、思考や志、アイデンティティーといったものが一切感じられない。軽佻浮薄そのものである。学ぶ姿勢を学びなおさなければならない時期に来ているだろう。

サミュエル・スマイルズの『自助論』は、**「天は自ら助くるものを助く」**という格言から始まっている。つまり**人生は自分の手でしか開くことができないのであり、自助の精神は人間が真の成長を遂げるための礎なのである**。

成功へのワンポイントアドバイス

苦労とネバリは、けっして無駄ではない。自助の精神を学べ。

④ 素直な気持ちで学ぶ

私たちは、さまざまな場面で数多くのことを学んでいる。それは、セミナーや書籍に限らず、日常生活の一場面であったり、何気ない子供との会話だったりすることもある。

しかし、**偏見や先入観を取り除き、素直な気持ちで接することができなければ、せっかくのチャンスも見落としてしまう**ことがある。

たとえば、あなたが街中で急に腹痛を起こしたとしよう。近くの医者に駆け込み、医師が処方してくれた薬だったら、おそらくありがたく服用するだろう。一方、どこの誰ともわからない老人が、腹痛に苦しむあなたのそばへ来て「かわいそうに。腹痛に良く効く薬をあげよう」と差し出したら、その薬をすんなり飲むことができるだろうか？

仮にこの医師と老人が同一人物であったとしても、病院というスペースで白衣を着ているかそうでないかによって、人の信頼度が変わる。

また今、あなたがどうしても急ぎの用があり、歩行者横断禁止の標識がある道路で道路を横切ったとしよう。

たまたまそれを見ていた年端も行かない子供が、あなたに声をかけた。

「ここは渡ってはいけない道路だよ」

これに対してあなたはどう答えるだろうか。無視するかあるいは、自分の行為を急用にかこつけて正当化するだろう。

では、注意したのが、あなたの会社の社長だったらどう答えるか。素直に謝るだろう。

一定の状態に対して同じことを言われたのだから、対応は同じでなければならないはずだ。が、往々にして私たちは相手によって態度を変えてしまう。

さて、ここになみなみと水が注がれたコップがあるとしよう。皆さんはこのコップに、新しい水を入れるにはどうするだろうか。もちろん、そのまま水を注いだのではこぼれてしまい、入っていかない。

ではどうするか？　多くの人は、最初に入っていた水を一度捨て、コップを空にしてから新しい水を注ぐだろう。

知識の習得も、これと同じだ。**凝り固まった先入観や偏見を捨て、素直な気持ちで臨まなければ、せっかくの新しい知識を身につけることはできない。**

成功へのワンポイントアドバイス

「我よりほか皆師」、心のコップは中身を全部捨ててから学ぶべきである。

5

優れた人と付き合う

孟子《もうし》の母が、息子の生活環境を考え、三回引越しをしたという故事「孟母三遷の教え」は有名な話である。孟子の一家は、はじめ墓地のそばに住んでいたものの、幼い孟子は墓を掘ったり葬儀の真似ばかりしていた。そこで、母は「これではいけない」と思い、市場の近くに引越した。すると、今度は商売人の真似をし、人の顔色を見ては取引をするようになったので、母は再び引越しを決意する。今度は学校のそばに住んだのだが、すると孟子は本を読み、勉強をするようになったので「ここが私の息子にふさわしい場所だ」と、以後そこに定住することになったというものである。

この故事が表わすように、子供の教育環境は大切である。子供の脳はもともと真っ白で、そこに周囲の大人や、環境の影響を受けながら、少しずつ色がつけられていくのだから無理もない。状況が許すのであれば、孟子の母のように環境を整えたいものである。

さて、環境を整えるということは、大人になってからも大切である。**子供の頃は周りの大人がその調整役だが、大人になってからは自分が積極的によい環境を求めなければならない。**だが、ここでいうよい環境とは、けっして居心地のよい環境というわけではない。それは、自分にはない優れた資質を持った人たちと、数多く接触できる環境を整えることである。

優れた人と付き合っていると、触発される部分が多い。人は謙虚な気持ちで教えを乞う姿勢のほうが、人間的に成長するものだ。反対に自分と同じかレベルが下と思われる人と付き合っていれば、お山の大将になって威張っていることもできるだろうが、そこから得るものは少ない。井の中の蛙で、それ以上に向上しようという自覚を失うからだ。

したがって「類は友を呼ぶ」というように、その人の価値は、周りに集まっている人のレベルで大方決まると思ってよい。だから**同じ時間を費やすならば、少々の背伸びをしてでも優れた人たちと付き合うべきである**。

仮に、身近なところで優れた人たちを見つけることができなければ、目を外へ転じてみよう。インターネットの検索からでもよい、書店に並ぶ書籍からでもよい、また各地で行われているセミナーに参加するのもよい、自分が真剣に求めてさえいれば、様々な出会いがあるはずだ。**出会いを大切にすれば、よい人脈も着々と広がっていく。**それは、私の体験が物語っている。何もないところからはじめたが、著書や講演会を通じて、全国各地から一廉《ひとかど》の人物が集まってくれている。それは、望外の幸せと、感謝せずにいられない。

成功へのワンポイントアドバイス

人の価値は、周りに集まっている人のレベルで大方決まる。

6 人生に無駄な経験はない

人生には、さまざまな試練や転機がある。試験や就職、恋愛や結婚、はたまた昇進や転職……。このような場面で、もちろん誰しも失敗するより成功したいと願っているはずだ。

一方私たちは、これらがいつも成功するとは限らないことを、過去の経験から知っている。そこについて回る、悩みや苦しみがあることも心得ている。

しかし**たとえ失敗したとしても、人生に無駄な経験は何一つない**。どんな場合でも、その人の捉え方一つで、後の人生に役立てることができる。むしろ、多くの失敗を経験した人のほうが、人生にたくましく立ち向かえるのではないだろうか。

寺田寅彦は随筆集の中で次のように述べている。

順調な人ほど不運な人はいない。いわゆる頭の良い人は、足の速い旅人のようなものである。人より先に人のまだ行かないところへ行き着くことができるかわりに、途中の道端にあるちょっとした肝心なものを見落とす恐れがある。

また、「ホンダ」の創始者である本田宗一郎は、次のように述べている。

「私の現在が成功というなら、それは過去の私の失敗が全部土台作りをしているのである。仕事はおしなべて失敗の連続である。99％は失敗の連続であった。そして、その実を結んだ1％が現在の私である」

失敗を知り尽くしたからこそ成功できた人物の、心強い訓話である。

このように、人生に無駄な経験などない。効率やスピードを重視する時代にあって、一見回り道と受け取られがちな失敗には、勇気が要るものの、長い目で見れば失敗する人のほうがたまたまそうでない人より得るものははるかに多い。

同じ**成功に向かうならば、その途中で落ちているさまざまな物を拾いながら、少しずつ確実に進んでいきたい**。きっと人生のほかの場面で、その失敗が役立つときが来る。

成功へのワンポイントアドバイス

結果を早く出すことだけがよいことではない。
その途中で何を得るかが大切である。

7 あきらめの早さが成功と失敗の分かれ目

「あきらめの早い人は成功しない」

この法則を頭ではわかっているつもりでも、人間とは弱いもので、目の前に立ちはだかる困難や障害についしり込みしてしまう。だから言い訳を考えては、当初より簡単な目標にレベルを下げたり、最悪の場合には、目標をあきらめたりするのだ。

しかし、これでは大きな成功は望めない。何故なら**「努力なしで手に入れたものは、楽しむことができない」**という鉄則があるからだ。端から見れば恵まれた環境にあり、何不自由ない生活を送っていると思われる人にも、人生に何の喜びを見出せず、精神科医の世話になる人がいる。それというのも**幸せと努力は、天秤の関係に似ている**からだ。おもりの片方が幸せで、もう片方が努力。これが丁度うまい具合につりあっている。つまり大きな努力をすれば、大きな幸せが手に入り、与えられたものではダメなのだ。したがって、**大きな成功を手に入れたければ、成功の対価としてそれ相応の努力を惜しんではならない。**

さて、あきらめの早さで損をした話に、次のようなものがある。

アメリカのゴールドラッシュ時代、R・V・ダービーと彼のおじの二人は、金塊の熱に浮かされて西部へやってきた。幸運なことに、二人は間もなく金脈を掘り当てた。これでもう、億万長者間違いなし。二人の期待は大きく膨らんだ。

ところが掘り進めていくうち、こともあろうに鉱脈は突然消えてしまったのである。彼らの億万長者への夢は、はかなく崩れ去った。そして二人は、採掘設備の全部を二束三文で叩き売って、すごすご故郷へ帰ってきた。一方、その採掘設備を買ったクズ屋は、念のため鉱山技師に鉱脈を調査してもらったが、断層のすぐ下には良質の金脈が眠っていることがわかったのだ。クズ屋はもちろん金鉱を掘り出して億万長者。後にこの事実を知ったダービーらは、大変深く後悔したという。

だがこの大失敗は、その後のダービーが生命保険のセールスを始めるようになってから大いに役に立った。「見込み客がノーといっても、私は決してあきらめない。鉱山での失敗は二度と繰り返すまい」

こうして、彼は**「すぐあきらめる男」から「喰らいついたら離さない男」に変身した。**そして彼は、年間数百万ドルを超す売り上げを誇る、優秀なセールスマンになった。

成功へのワンポイントアドバイス

成功とは、敗者がカブトを脱いだ直後におとずれるものである。

8

失敗との付き合い方

「失敗は成功の母」というように、成功の過程で失敗は欠かせないものだ。逆に失敗のない成功など、ありえないと考えたほうがよい。

振り返れば、天才肌でない私の人生は不器用そのものである。学童期は、好奇心が災いして、担任教師には怒られてばかりいた。高校へ入学した頃、父が他界し、夜学に変更を余儀なくされた。大学受験の失敗、なかなか天職を見つけられず、様々な職業を経験した。

本来成功とは、野球の打率に似た性質を持つ。これまでいかに**優秀なバッターといわれた者でも、現役時代を通して全打席ホームランという選手はいない。三割打者でも、実は10回に7回は失敗している**計算になる。生身の人間に、体調の浮き沈みがあるのは致し方ない。絶好調のときもあればスランプの時もある。おまけに、ケガや故障だってある。

これを人生に置き換えて考えれば、いつも同じようにすべてが順調にいくことなどありえないことが理解できるだろう。成功という輝かしい一面には、誰しも失敗という谷間に落ち込んだ期間があるのである。しかし、偉人はこの谷間を上手に克服してきた。時々の失敗を完全な敗北とせず、次のステップへの大切な教訓と心得たのだった。

したがって、成功するためには、失敗とどう付き合うかが鍵となる。

それでは失敗したとき、私たちはどうすればよいのか？

その答えは実に簡単なことである。失敗してもあきらめず、成功するまでやりつづければよいのである。

発明王で有名なトーマス・エジソンは、最初の電球を作り出すまでに一万回の実験を重ねたと言われている。あるとき、友人がエジソンに尋ねた。

「あなたは電球を作るのに一万回も失敗したそうですね」

これに対してエジソンはこう答えた。

「いや、**私は一度だって失敗したことはない。ただ、うまくいかない９９９９回の方法を発見しただけ**なんだ」

また、ドイツの医学者Ｐ・エールリッヒは、梅毒のスピロヘーターを殺すために実験を繰り返し、実に６０６回目に成功した。

そして皆さんよくご存知の、アメリカ第16代大統領リンカーンは、15回もの絶望と挫折の末、ようやく大統領の座を勝ち得たのだ。

成功へのワンポイントアドバイス

途中の失敗は失敗ではない。本当の失敗とは、夢をあきらめたときをいう。

9 コツコツ継続する

小さなことでも、毎日コツコツ続けることは大切である。それは、長年続けることにより、大きな成果を生むからである。

たとえば、鍾乳石など、何万年単位で水滴が作り出す芸術作品である。また、海岸線などは、よせては返す波が長い年月をかけて作り出した景勝である。

何かをコツコツ続けることは、簡単なようでなかなかできないことである。「今日は体調が悪いから、今日の分を明日にやろう」「今日は友人と出かける用があるのでやめておこう」と、先延ばしにする理由はいくらでも見つかる。そして次の日も、その次の日も、何かと理由をつけてはさらに先延ばしする。どんどん先延ばしされた課題は、いよいよ膨大な量になり、頓挫を余儀なくされる。

これがいけないのである。**今すべきことは、今すぐしなければならない。**

さて、**「手習いは 坂に車を 押す如し」**ということわざがある。

平地で荷車を押すのに疲れたら、車を止めて一服すればいい。しかし、これが上り坂になると、一歩、また一歩、休まずたゆまず、登り続けなければならない。なぜなら少しでも気を抜くと、車は後ずさりを始めるからである。たとえ車止めをして休めたとしても、上り坂で一旦止まると再び動き出すのは、ほとんど不可能である。つまり、**学問や習い事は、少しの油断であっという間に後戻りしてしまう**。

学問に限らず、人生にも同じことがいえると、キングスレイ・ウォードがその著、『ビジネスマンの父より息子への30通の手紙』で記す。

「君は上り坂で車を押すことが困難なことに気づいているだろう。途中で休めないわけではないが、やり遂げてしまわないと大抵の場合、もとの坂の下まですべり落ちてしまう。そうなれば、はじめからやり直さなければならない。

昨日いくらがんばっても常にこつこつ続けなければ、君は勢いを失う。勢いがなくなると、過去の努力の食い潰しを始める。人生は上り坂の戦いだ」

人生は辛くとも、勢いがつくまでは努力を継続すべきだ。そうすれば、あとは習慣となった行動が、無理なく行為を継続させる。

成功へのワンポイントアドバイス

勢いがなくなると、過去の努力の食い潰しを始める。人生は上り坂の戦いだ。

九州・沖縄地域協議会　社会保険労務士研修
「労働基準監督署の権限と是正勧告」

第3章

プラス思考の勧め

目標を決めたら一直線に突き進め

1 ポジティブシンキングの効用

「プラス思考＝ポジティブシンキング」「行動」「習慣」は、世界共通の成功へのキーワードである。それというのも、**「心が変われば態度が変わる　態度が変われば行動が変わる　行動が変われば習慣が変わる　習慣が変われば人格が変わる　人格が変われば運命が変わる　運命が変われば人生が変わる」**からである。

運命まで変わるという、ポジティブシンキングであるが、確かに観念の部分では納得できる。しかし、実際どうなのだろうかと考えたことはないか？

そこで、波動技術のパイオニア故江本勝氏は面白い実験をされた。著書『水は答えを知っている』において、プラス思考は人間の願望を達成するうえで、また愛と感謝は人格形成に非常に有益であることを、いく通りの条件下で「水の結晶を写真に撮る」という目に見える形で私たちに示してくれたのである。

その条件とは、水源の同じ水を、別々の容器に入れ、異なる言葉を貼り付ける。片方に「ありがとう」、他方には「ばかやろう」。数日後、その水を冷却し結晶させたところ、驚くことに前者の容器の水は美しい結晶を結び、後者の水は結晶がばらばらに砕け散ってしまった。水が言葉を理解できるのだろうか？

さらに、これが対称的な言葉のみならず、音楽を聞かせた場合でも、また写真や絵を見せた場合でも、心安らぐものとそうでないものの結晶の差は歴然だった。そこには、科学では解明できない何かがあると思わざるを得ない。

……ということは、私たちのからだを構成している成分に着目した場合、70％以上を占める水分にポジティブな働きかけをすれば、美しい結晶を作るサラサラな水でからだ全体が満たされることになる。とりもなおさず、これは健康につながり、願望達成に近づくということになるのであろう。

「病は気から」とのことわざもある。強い意志や願望が、からだの中の水分に伝播して、自然治癒力を高める。医学の力は、治りたいと思う気持ちをサポートしているに過ぎない。だから病気のときは、ことさら気を強く持たなければならないのだ。

これと同じで、**強い意志や願望が、あなたを潜在意識のレベルから成功へ導く。ポジティブシンキングな、あなたの意志一つ**である。

成功へのワンポイントアドバイス

心が変われば行動が変わり習慣が変わる。さらに人格が変わり、運命が変わる。

2 人生は片道切符

人生はよく、旅にたとえられる。

電車や車の旅であれば、途中下車も可能であり、また行き直すこともできる。しかし、**人生の旅は1日24時間のレールの上を、人生の終着駅へ向ってひたすら走る片道切符しか発行されていない。**

すなわち前進する以外に道はなく、二度とやり直しがきかず、後戻りができない。これが、非情にもすべての人に平等に与えられた人生の旅なのである。

したがって、**いま旅をしているこの一瞬、一瞬が大切なのであり、その瞬間は再現することができず、同じ時は二度と巡っては来ない。**だからこそ、チャンスは逃がしてはならないのだ。そして、チャンスをチャンスとして認識できる感覚を日頃から養っておかなければならない。

ニュートンは、偶然落ちてきたりんごを見て「万有引力の法則」を発見したといわれる。

しかし、それは本当に偶然だったのだろうか？
仮に私たちが、その場に居合わせて、ニュートンと同じ光景を目にしたとしても、私たちには「万有引力の法則」を発見できなかっただろう。
ではなぜ、ニュートンにはそれができたかといえば、彼は重力についての造詣が深く、長年、地道な研究を続けていた。だからこそ、法則発見につながるチャンスを捉えることができたのである。これが、一朝一夕にして培うことができない、感覚の養成というものだ。

人生の成功者は、チャンスをそれとして的確に捉える。たとえそのとき、準備が万全でなくとも、とりあえずチャンスを貪欲に捉える。捉えてから体制を立て直す。次の機会になどと、のんきに好機を見送ることはしないのである。なぜなら次のチャンスが確実に訪れる保証など、どこにもないからだ。

はっきりこれだけはいえる。**チャンスの女神は気まぐれで、それと気づかなければ、あっという間にあなたの手をすり抜けて、こっそり遠くへ行ってしまう**ものなのだ。

成功へのワンポイントアドバイス

同じ時は二度と巡っては来ない。チャンスを的確に、しかも貪欲に捉えること。

3

未来を信じるということ

社会に偉業をなした人物でも、すぐさまその苦労が、社会から正当に評価されるケースばかりではない。彼らが蒔いた種は、時として日の目を見ないこともあるし、ようやく認められるようになった頃には、当人は黄泉の国の人である場合も少なくない。

夭逝した不遇の童謡詩人、金子みすゞが現代の書店に足を運んだら、自分の詩集が平積みになっており、さぞ驚くことだろう。不遇な最期を遂げた吉田松陰も現代の評価を聞いたら感涙にむせぶことだろう。

目を西洋に転じれば、『国富論』を著したアダム・スミスも、うらぶれたグラスゴー大学で研究に励み、社会改良のために世論に一石を投じた人だった。だが、その研究の成果が人々に評価されるまで、なんと70年もの歳月を要した。そして今なお、彼の偉業がすべてひもとかれたとはいい切れないという。

だからといって、偉人たちは自暴自棄にならなかった。どんな逆境でも決して希望を失わなかった。なぜなら**世間が認めないからと信念を放棄し、捨てばちになってしまえば、その悪しき代償はすぐさま自分に跳ね返ってくる**からだ。それみたことかと、それまでの努力が水泡に帰すからである。……そう自分に言い聞かせ、私は今日までまい進してきた。

「希望」を語るとき、必ず思い出す人がある。その人とは、『夜と霧』の著者、ユダヤ人の精神学者ヴィクトール・フランクルのことである。彼は第二次世界大戦中に、アウシュヴィッツのユダヤ人収容所に収容されていた。そこに入ったが最後、生還を望めない、悪名高きあの収容所だ。

ある日、収容所内に連合軍が来て自分たちを救ってくれるという噂が流れた。人々は、現在の境遇から救い出されると希望を抱いた。しかし、それが甘い幻想からでた単なる噂であることがわかったときに、かつてない数の死者が出た。自らも捕らわれ人の身でありながら、同時に精神学者視点からフランクルは、この出来事を「一つの未来を信じる事のできなかった人間は収容所で絶望していった。未来を失うと共に、彼はその拠り所を失い内的に崩壊して、身体的にも、心理的にも崩壊したのであった」と記している。この経験から、彼は**希望こそが人生を生かす最大の力である**と悟った。

奇跡的に生還したフランクルは、どんな逆境にあっても意味を見出す生き方こそが、病を癒し、人を活性化するのだと説き、人々に慰めと希望を与えた。

成功へのワンポイントアドバイス

希望こそが人生を生かす最大の力である。

4 「一所懸命」生きる

よく人は「一生懸命やります」などと口にする。

しかし、私はそうはいわない。その代わりに「一所懸命やります」という。それというのも**「一所懸命」、つまり今このときを一心不乱に頑張ることはできるが、「一生懸命」、生涯を通じて頑張ることなどできようはずがない**からだ。

昔話に誰もがよく知る「一寸法師」がある。親指ほどの背丈しかない一寸法師が、巨躯を誇る鬼どもを、完膚なきまでに叩きのめすシーンは圧巻である。それにしても、「一寸法師」はどうして鬼を退治することができたのか？

答えは、力を一点に集中させたからだ。

カナヅチで足の裏の土踏まずをトントンたたくと気持ちがいい。しかし同じ力でも、針の先でつついたらたまらなく痛い。賢明な法師は、武器に針の刀を選択し一点を集中的に攻撃した。それも継続して何度も何度も。これが功を奏し、「一寸法師」は常識をよそに、鬼との戦いで勝利を手中にした。**一点集中主義を継続して、法師は「一所懸命」やった**のだ。

今このときを、懸命に生きることは大切である。なぜなら、人生は「今」の連続であり、あなたがいくら願っても、時は待ってくれないからだ。

たとえば、あなたは泳ぎがまるっきりカナヅチだったとしよう。にもかかわらず、洪水で濁流に流されてしまった。あなたはどうするか？　もちろん命あっての物種と、懸命に手足を動かし泳ごうとするだろう。泳ぎが苦手だからとあきらめて、そのまま流されるということはしないだろう。

また、今まさに、自分の目の前でわが子がライオンに襲いかかられそうになっているとしたらどうだろう。もちろん、あなたは子供を助けに、間に割って入るだろう。危険な状態をそのままにして、猟銃を取るために家へ戻ったりはしないだろう。

このように、その時々、持てる力の限りに対処しなければならないことは意外と多い。

成功者はどのようなときにも時を「点」で捉え、その時を懸命に生きてきた。

もちろん疲れてしまうから、一生、懸命にやる必要はない。が、今このときを「一所懸命」生きてみよう。

成功へのワンポイントアドバイス

一寸法師は、一点集中主義を継続して鬼を退治した。

5

時は金なり、時は命なり

アメリカの文化人類学者で、森田療法にも造詣が深いデヴィッド・K・レイノルズ博士がその著書の中で、「今」について次のように記している。

「人生とは一瞬一瞬、今、今、今の連続だ。生きる過程はその一刻一刻にある。しかも人生は場面や章で区切られてはいない。実際やってくるもの全てが、次から次に起こる新鮮な一瞬一瞬なのだ。そして、どの瞬間にもなすべき事はあるのだ。ゆえに、人生のゲームに常に勝つには、なすべき事を、今、注意深くすることだ。この瞬間の勝利なら可能ではないか」

つまるところ、過去を後悔し、未来を心配して現在を失うな、ということなのである。これは、動物に見習うところがある。たとえば狩りをするライオンに、過去の後悔も明日の心配もない。今、この瞬間に全神経を集中させる。それは、このチャンスを逃したら、いつまた獲物にありつけるかわからないからである。

とはいうものの、今、苦しみに立ち向かうとき、甘美で郷愁を誘う過去を振返り、また未来に淡い幻想を抱き、現実の苦しみから目を背けることがないか？

そうしたい気持ちは痛いほどわかるが、あえて私はいう。そのような時は、**「つらい今を行動して生き抜け」**と。

具体的には、次の二つを実践してみよう。一つは「やり方」であり、もう一つは「心の持ちよう」である。

前者の場合、つらい今を生きるに当たり、まず形だけでも動いてしまうことである。たとえば、営業に出たくないと考えたときには、とりあえず営業に出かけてみるのである。気持ちは棚上げしておき、**行動していれば、自然とそのうち営業に身が入ってくる**というものである。また、後者の場合、ポジティブシンキングで逆転の発想を試みることだ。たとえば、リストラされてしまったら、新しい分野の仕事をするきっかけができてよかった、といったように楽観的に考えることをいう。

今を大切にし、**時間を上手に使うことは、よりよく人生を生きることに直結している。**人生とは、生まれてから死ぬまでの時間の積み重ねに他ならない。したがって、「時は金なり」であると同時に「時は命なり」なのである。

成功へのワンポイントアドバイス

人生のゲームに常に勝つには、なすべきことを、今、注意深くすることだ。

6 反省しても後悔するな

失敗は誰にでもある。失敗には負のイメージが付きまとうものの、その後の対処の仕方で、それが教訓に変わる。一番よくないのが、失敗をいつまでもクヨクヨ考え、どうせ自分がやったってできやしないのだと、ふてくされることである。

さて、失敗した後の対処方法として、「後悔」と「反省」がある。この二つは非常に似ているが、その実まったく違う。

後悔は、「あのとき、ああすればよかった。なんてバカだったんだろう」「あのとき、こうしたのが間違いだった。とりかえしのつかないことをしてしまった」と感情の部分で嘆く行為であり、後悔すればするほど、自分がどんどん惨めになってくる。

これには、次回への建設的な対処法が示されないため、同じ場面で再び失敗するケースが多い。

次に反省だが、これはなぜ失敗したかという原因を客観的に分析したうえで、今後同様なケースが起こった場合にはどうしたらよいのかの提案まで積極的に行う。つまり、理性の部分で対処されていることになる。

　したがって、**反省は前向きな姿勢そのものであり、失敗が教訓となり今後に生かされるため大切な作業である**といえる。

　このように、成功した人たちは、皆、失敗を教訓に生かす方法を知っていた。してしまったことをいつまでもクヨクヨ考えても、そこから生まれるものは何もない。

　ただし、二者択一しかない「後悔」の場合には、積極的な後悔をお勧めしたい。

哲学者キルケゴールの言葉に
「結婚したまえ、君は後悔するだろう。結婚しないでいたまえ、君は後悔するだろう」というのがある。

　シニカルな内容ではあるが、どちらにころんでも後悔するのであれば、私は結婚すべきだと考える。なぜなら、**傷つくのが恐くて行動しなかった後悔より、たとえ傷ついても積極的に行動した後の後悔のほうが自分に納得がいく**からである。

成功へのワンポイントアドバイス
失敗の後、するなら「反省」。反省は理性で行い、後悔は感情で行うものだ。

7

今日、一日の区切りで生きよう！

「昨日の重荷に加えて、明日の重荷まで今日のうちに背負うとしたら、どんな強い人でもつまずいてしまうでしょう。過去と同様、未来もきっぱりと閉め出しなさい。未来とは今日のことです……明日など存在しないのです……人が救われるのは今日という日なのです。エネルギーの消耗、心痛、神経衰弱は、未来のことを気遣う人に歩調を合わせて、つきまといます……そこで、前と後ろの大防水壁をピタリと閉ざし、過去と同様、未来もきっぱりと閉め出しなさい。未来とは今日のことです……し、**『今日、一日の区切りで生きる』習慣を身に付けるように心がけるべき**でしょう」

私はこの言葉が好きだ。「将来のことを思い煩うことなく、今日、今すべきことを一所懸命おやりなさい」と理解している。

出典は、アメリカの医学者ウィリアム・オスラー（1849〜1919）が行ったエール大学での講演を、デール・カーネギーがその著書『道は開ける』の冒頭で紹介したものである。

私は一見豪放磊落《ごうほうらいらく》に見られがちだが、正真正銘A型の血液が流れており、次から次へと悩みが尽きない。事件を一つ解決すると、すぐに新しい事件が舞い込む。それも一つではなく、時には二つや三つだったりもするから始末が悪い。主宰する任意団体の運営、事務所の経営、執筆の進捗状況、ストレスとともに蓄積した中性脂肪やコレステロール、どれもこれもがなかなか思い通りにことが運ばず、体調が優れないときなどは、それらの不安に押しつぶされそうになることも少なくない。

しかし、私はその都度「今日、一日の区切りで生きよう！」のこの言葉で、その一日を締めくくることにしている。**その日一日に、自分ができる精一杯のことをしていれば、自分が思い悩んでいるような最悪の事態は、実際にはほとんど起こらないもの**なのだ。実際には起こらないことで心を痛めるほどばかげた話はない。

私がポップフィロソフィーを学び始めた頃、感銘を受けた百瀬昭次著、『君たちは偉大だ』にも、次のように人生の基本原則が記されている。

①悪いことはいつまでも続かない　　**②前向きに生きよう**
③繰り返すことが重要である　　**④発想の転換も必要**

さあ声にしてみよう。「今日一日、本当によい日だった。明日もよい一日に違いない」

成功へのワンポイントアドバイス

悪いことはいつまでも続かない。前向きに生きよう。

8 ものの見方を変える

日常生活で、自分の思い通りにことが運ばず、ついイライラしてしまうことがあるものだ。イライラしたところで、ことがうまく運ぶことなどないことは百も承知しているのだが、気がつくとそうなっていることが多い。

たとえば大事な会議に出席しなければならないのだが、会場に通じる道路が混んでいて、車はなかなか前へ進まない。こんなときに、横をバイクがスイスイと走っていくと、バイクの運転手が悪いわけでもないのになぜか無性に頭にくる。同時に、何度腕時計に目をやったところで、前の車が進むはずもないのに、同じ動作を繰り返し、ますますイライラが募る。

また、こんなケースはどうだろうか。

ほとんど生活レベルが同じはずだと思っていた隣の家が、瀟洒な家を建築した。先を越されたという気持ちと、自分の家族からは古くなった我が家との比較をされ、惨めな気持ちになる。それが昂じると、隣人に非はないことはわかっているのに、段々腹が立ってくる。

昔は、近所に富の象徴である蔵の数が増えると、苦々しい思いをしたのも想像に易い。**「隣の家に蔵が建つ、わしゃーほんとに腹が立つ」**などと、落語めいた言葉もあるが、これが数軒先の家の蔵や新築の家ならば、これほどまでに腹が立つこともないだろう。

いずれの場合も、自分の力では状況が改善しないのだから、イライラしても始まらない。そんなことはわかっているものの、憤懣やるかたない気持ちはなかなか収まらない。下手をすると、どうしようもないストレスから体に不調をきたすことにもなりかねない。

これを回避する手立ては、ものの見方を変えるしかない。つまり、自分が今この場でジタバタしても状況が変化しないのであれば、あれこれ考えることを思い切ってやめてしまう勇気を持つこと。**世の中にはすぐには変えられないことが多々あるものと割り切り、自分のものの見方を変えれば、心への影響を多少なりとも変えることができる。**常に平常心を保つことは大変だが、ものの見方を変えることで平常心に近づく方法は、試す価値があるはずだ。

成功へのワンポイントアドバイス

ものの見方を変えると、自分の心をコントロールできるようになる。

9 非常識になることの勧め

「常識」とは何だろう。それはたまたま多くの人が持っている、共通の認識に過ぎない。まあたいていの場合、それで不都合はないのだが、常識が物事の真理をついているかといったら必ずしもそうではない。

文明や文化の歴史は、その時代の常識を疑問に感じた数少ない、当時の常識人からすれば狂人扱いされていた人たちが築き上げた産物だ。その昔、地球が丸いなどと、誰が考えただろうか？　馬車の代わりに、自動車の登場を誰が予測しただろうか？　また、ウサギが棲むと信じられた月へ、人間が行けると思った人はいただろうか？

いずれも当時の非常識が、現代の常識になっている。反対に、当時の常識は現代の非常識に成り下がった。

このように常識は、時代や国民性といったものを背景にして変容する。普遍の常識などは、見つけるほうが困難だ。それゆえ一口に常識といっても、概念としては理解できるものの、実際には捉えどころがない。

そこで私たちが最も気をつけなければならないのは、常識や社会通念とされていることを、無批判にうのみにすることだ。なぜなら常識が正しいとは限らないのに、多くの人が信じていればそれが正しいものとなり、既成の事実になってしまうからだ。人種差別や、ナチスの国粋主義など、誤った史実は数多く存在する。

常識を今一度疑ってみるところに、成功のヒントが見え隠れする。つまりフロンティア精神で、人々の感覚を超えられる人が成功者になれるのだ。常識だけの現状維持では、新しい発想など生まれようはずがない。

人と違った考え方や行動をする人に対し、その他大勢の人は「あの人は常識を持ち合わせていないのか」とか「非常識な人だ」とさげすんだ言い方をする。しかし、**人の権利に迷惑をかけるような、人道的見地から逸脱した行為は別として、非常識大いに結構。**

私は先の理由から、皆さんには斬新で大胆な非常識人になることを薦めたい。

成功へのワンポイントアドバイス

常識に疑問をもつ、斬新で大胆な発想の非常識人、それが成功者である。

10

思うより想う

人のことをおもうときは、仕事でもプライベートでも田んぼに心の「思う」でなしに、相手のことを心におもいうかべながら「想う」でなければならない。

えてして、人の心は口に出さなくても相手にストレートに伝わってしまうものである。虫の好く好かないから始まって、ペットの犬でさえ何を考えているのかが、そのしぐさから見て取れる。だからなおさら、大切な相手には心を込めて「想う」でなければならないのだ。

さらに、相手が「想」っていることを、そして欲していることを、あなたの「心」が「受」け止める。「受」の字の間に「心」を入れる、つまり、あなたが相手の心を、自分の心の真ん中でジャストミートすると、「愛」になるわけだ。

「愛」について語られた本は数多く出ているものの、本来「愛」とは見返りを求めず献身的なものでなければならない。オーヘンリーの『賢者の贈り物』が近い。

わかってくれようがわかってくれまいが、ただひたすら相手を想うのが本当の愛。自分がどのような立場であれ、相手の幸せを願い続けることこそ真実の愛なのである。したがって、**自分が愛したことに見返りを求める行為、それは「渇愛」でしかない**。エスカレートする自分の欲求に比例して、もっともっと、あれもこれも手に入れたい、してもらいたいと思うのが、この「渇愛」の正体であり、人の苦悩の原因でもある。それはさながら、のどの渇いた人が際限なく水を欲しがるさまに似ている。

ところで、**本当の愛はかたちを示すのが特徴**である。真摯に愛していれば、おのずから行動し、愛の対象物に対して献身的な働きをするものである。したがって真心がこもっている愛は、言葉だけではとても表現できるものではない。相手が望むことを望むときに、そして相手が困っているときには親身になり、一緒に行動することが愛の形だ。それゆえ、ラブ・イズ・アクションといわれる。

さて、蛇足ながら「愛」についてもう一言。

「愛」の字は、字の中心に心が入っている。同じ心が入っていても、「恋」の場合は下に入っている。「恋愛」は、真心と下心とのかけ引きだ。下心が勝てば恋で終わり、真心が勝てば愛に発展する。

成功へのワンポイントアドバイス

自分がどのような立場であれ、相手の幸せを願い続けることが真実の愛。

第４章

強い願望は実現する

成功の秘訣は
あなたの断固とした決意にある

① 人生は、その人が思ったとおりの産物である

人の多くは、人生の成功について、その人をとりまく環境や運（ツキ）といったものに説明を求めようとする。しかしながら、成功の法則に目を向けようとしないこうした考え方をする人は、残念ながら彼らが言うところの環境やツキに恵まれることはなく、結果として成功とは程遠い人生を送ることになる。

それというのも、えてして環境の悪さは成功への発奮材料となり、くわえて運は自らが呼び寄せるものであるからだ。

環境や運に言い訳をする人とそうでない人とでは、人生の結果に雲泥の差が生じる。その差は、ほかでもない、本人の考え方から生じている。**思考は必ず現実化する。つまり人生は、その人が思ったとおりの産物なのである。**

鎌倉時代の禅僧道元の法話を、その弟子の孤雲懐弉《こうんえじょう》禅師が聞き書きした『正法眼蔵《しょうぼうげんぞう》随聞記《ずいもんき》』がある。これによれば

「まずただ欣求《ごんぐ》の志の切なるべきなり。たとえば重き宝を盗まんと思い、強《こわ》き敵《かたき》をうたんと思い、高き色に会わんと思う心あらん人は、行住座臥《ぎょうじゅうざが》事にふれ折にしたがいて、種々

の事は変わり来《きた》れども、それに従いて、隙を求め、心に懸《かく》るなり。この心あながちに切なるもの、とげずということなきなり」

とある。現代語に訳すと、

「まず、**願い求める願望は切実でなければならない。**たとえば貴重な宝を盗もうと思っている人や、強い敵を討とうと思っている人や、あるいはものすごい美人と一緒になろうと思っている人は、行住坐臥、寝ても覚めても、周囲の環境や状況がたとえ変わろうと、変わったなりにスキを求め、なんとか思いを実現しようとするものである。このように道理をはずれてもかまわず、求めるものの実現のために断固として行動する人は、その願いを遂げられないなどということはない」

となる。求める気持ちが強ければ、よこしまな願望までもがかなうとした教えは、当時ならではの大らかさが窺がえる。

これは蛇足だが、思いを寄せた女性からは、必ず快い返事を得ることができるという知人がいる。この幸せな男性は、「願望が切実であれば必ずその願望がかなう」という法則を、私が伝授したとおり徹底して実践しているのだそうだ。

成功へのワンポイントアドバイス

求めるものの実現のためには、断固として行動しなければならない。

2 大きな夢を持とう

今、あなたの欲しいものはと問われたら、何と答えるだろうか？

子供のころ、あるいは青年期には、手に入れたい、欲しいと思うものが数多くあったが、それらは年齢の高まりとともに、次第に少なくなってきてはいないだろうか？　もうすでに手に入れた物もあれば、高嶺の花とあきらめた物もある。

私たちは大人になる過程で多くの経験をし、知らず知らずのうちに常識の枠でものを考える習慣がついてしまった。だから、**何を手に入れるのが可能で何が不可能かを、実際にやってみる前から感覚的に選別しているところがある**。したがって、こうなればいいのにと思っていることがあっても、夢のようなことと、痛手を負う前に最初からあきらめてしまう傾向がある。

しかし、人生や成功には、この夢こそが大切なのである。

この世の中にある発明や発見は、すべて偉大な業績を成し遂げた人たちの夢からはじまったのだ。「馬のように速く走りたい」という願いから自動車ができ、「患者が痛くないように手術をしてあげたい」という切実な医者の気持ちから麻酔ができた。

35年以上前に日本で開業したディズニーランドは、子供ばかりか大人まで魅了してやまない。そのキャッチフレーズは「夢と魔法の王国」である。多くのテーマパークが廃業に追い込まれるなか、夢を追求するディズニーランドは今も成長を続ける。

また、宗教家のノーマン・ヴィンセント・ピールは**「大きな人生を望むなら、大きな夢を見なくてはならない」**と言った。こうなりたいという、強烈な願望が人の夢をかなえるのである。

思い出してほしい。子供のときに感じた、何か新しいことをするたびに、ワクワクするような内から込み上げてきた胸の高まりを。このワクワクする気持ちは、他でもない未知のことに対する期待と不安、そしてそれを探求したいと思う好奇心の現れなのである。

夢を持ち、その夢の実現のために行動すれば、再びこの心地よい興奮とともに日々を過ごせるようになる。これは若さの秘訣であると同時に、理想の人生を手に入れる原動力なのだ。

夢はそれを達成するたびに、どんどん大きく膨らんでいく。同時に、あなた自身もどんどん成長していくのだ。

成功へのワンポイントアドバイス

寝ているときは夢を見て、起きてるときは夢を持て!!

3 強い願望は実現する

これまでの歴史的な発明は、強い願望が結実した結果である。鳥のように自由自在に大空を飛べたらどんなにいいだろうとの願いが、ライト兄弟に飛行機を作らせた。遠くにいる人とリアルタイムで話がしたい、そんな思いがベルに電話を発明させた。

さて、あなたは今、どのような願望を持っているだろうか?

収入を増やしたい。家族みんなでくつろげる、庭付きの広い家がほしい。新車がほしい。英語が話せるようになりたい。海外旅行に行きたい……。数え上げればきりがないだろう。

そこで考えてみよう。世の中に収入を増やした人は数多くいる。大きな家を持っている人もそうだし、新車が出るたび買い換える人もいる。また、英語のみならず、フランス語やドイツ語といった複数の外国語を自由に操る人もいる。海外旅行も毎年のように出かける悠々自適な生活を送る人もいる。

しかしこれらの人たちも、特別な事情がない限り、普通の人々だ。あなたと同じ人間だ。

それでは、なぜ現在のあなたには願望に過ぎないものを、彼らは手に入れられたのだろうか。

それは、彼らが自分の願望をしっかり把握しており、それを実現させるための手段を考え、目標に向かって地道に行動したからに過ぎないのである。これは簡単なことだが、多くの人になかなかできない成功の秘策である。かのジョセフ・マーフィーは言う。

「自分がこうなりたいという自分の姿をいつもイメージしなさい。そして、自分は一歩ずつそこに近づきつつあるのだと常にイメージしなさい。それが毎日の習慣となれば、気づいたときには必ず現実の自分がありたいと望んだ姿になっています」

ここで、面白い法則をもう一つ。それは、社会に大きく貢献している人が、多くの富に結びつくというギブ・アンド・テイクの法則である。

会社のために、休みもとらず働く、社長もしかりだ。

「一番多くを捧げるものは、結果として一番多くを受け取ることになる」

成功へのワンポイントアドバイス

「こうなりたい」と強烈な願望を持つことが、成功への第一歩である。

4 大きな夢を実現するには

私が非常に感銘を受けた話をしたい。ヘビーと呼ぶには小さな男の、ビックな夢が実現した話を。

少年は激しく降りしきる雨の中、傘もささずに家路を急いでいた。だが、無情にも彼の行く手をさえぎったのは、交差点の赤信号だった。少年は「チェッ」とばかり舌打ちをしながら、進むことができないその場所で、寸暇を惜しむようにボクシングスタイルのステップを踏み始めた。その彼の耳に飛び込んできたのは、同じく信号待ちをしていた車の、カーラジオからの絶叫だった。

「ヘビー級チャンピオンの誕生です！　ロッキー・マルシアーノ！　マルシアーノです！」

それは、ボクシングのヘビー級世界タイトルマッチの生中継で、新しいヒーローの誕生を告げる、感極まったアナウンサーの叫びだった。

それを聞いたとたん、少年のステップがぴたりと止んだ。次に、彼の内から声なき声がこだまし、ぞくぞくするような興奮を覚えた。

「チャンピオンは、カシアス・クレイです」「世界チャンピオンの、カシアス・クレイです」

「カシアス・クレイ」とは、少年の名である。それは、自分の自転車を盗まれたことがどうにも悔しく、その犯人をぶちのめすために習い始めたボクシングだったが、競技そのものが面白く感じ始めていた矢先の、１９５６年のことだった。以後、少年はその夢のことしか考えなくなっていた。頭の中は、寝ても覚めても夢のことばかり。

しかし、体格に恵まれなかった彼に対して、周囲は異口同音にこう忠告した。

「１０５ポンドしかない君の体重で、ヘビー級チャンピオンなど無理に決まっている。悪いことは言わないから他の道を考えなさい」と。しかし**少年は夢を捨てなかった。自分の夢が実現することを、誰よりも彼自身が強く信じていたのだ。**

そのカシアス・クレイ、のちのモハメッド・アリは周囲の忠告をよそに、１９６４年、世界ヘビー級チャンピオンになった。その後2回、チャンピオンにつき、１９８１年引退。通算成績61戦56勝（37ＫＯ）５敗という、驚異的な成績を収めた。１９８４年、彼はパーキンソン症候群と診断され、長い闘病生活を続けたが、病にもかかわらず様々な社会活動に参加し、人々を勇気づけてきた功績が評価され、２００２年1月11日ハリウッドの殿堂入りを果たした。

成功へのワンポイントアドバイス

夢の実現には、その夢が実現することを、誰よりも自身が強く信じること。

5 人生に学歴や肩書きは無関係

書籍の著者紹介欄に、学歴や歴任した役職がずらりと書かれていることが多い。私の場合、これらを自分の著書に記すのは好まない。なぜなら、本を記した今現在、何をしている人物かがプロフィールとして大切なのであり、どこの学校を出て過去どのような役職にあったかは、書籍の内容に直接関係ないからだ。たとえば、東大を出た人間だから、含蓄のある書籍を著せるのではなく、その人物の資質と、いま何を世間に訴えたいのか、その情熱が内容に反映され評価にもつながると考えるからである。

しかし、日本人はブランド好きだ。バッグなどの装飾品にはじまって、学歴や就職先の企業など、みなが知っている有名なブランドが好まれる傾向にある。それは、個人の視点に主体性がないことの現れだ。むろん、本人がそれなりの価値を見出して選別したのであれば、はたがとやかく言うことはないが、大半の決定には、世間の目、つまり周囲の価値観に少なからぬ影響を受けているはずだ。これは、**人と同じ価値観を共有することで（実際は共有ではなく、価値観の矯正である）、根拠のない「安心」の幻影を見ているに過ぎない**のである。

にもかかわらずどうしてもブランド志向が捨てきれない人には、現在その人が属する組織の中で、その組織を自分の手で一流にすることをお勧めする。

以前、私はある学生から相談を受けた。彼の志望校へ進学するには、現在の学力では不可能に近いため、担任からあきらめるよう言われたという。そこでどうしたものかと、私に客観的な意見を求めてきたのだ。これに対し、幼子だった私を膝に抱いて、よく語ってくれた父の言葉を借りてこう答えた。

「どの学校に行っているのかで人の価値判断ができるものではなく、その人が何をするかで価値が決まる。それでも、もしどうしても一流校に執着するのであるならば、自分の行く学校を自分の手で一流にしてやればよいでしょう」

どこを探しても、はじめから一流校など存在しない。創始者あるいはその後の学校トップの確たる理念や信念が、それを最初に学んだ者から現在学ぶ者へと確実に受け継がれ、地道な評判を積み重ねた結果が一流と呼ぶにふさわしい校風を今に伝えるのである。これは、一朝一夕にしてできるものではない。

一流にするのは、あなたの気構え、そう、あなた自身の行動である。

成功へのワンポイントアドバイス

一流にこだわるならば、自分の所属する組織を自分の手で一流にすること。

6 目標を定める

成功するためには、目標・目的が必要だ。人間は何をしているときでも、自分は目標に向かって進んでいるのだという認識がなければ、いつまでたってもなりたい自分になれない。

今あなたが名古屋にいて東京に行こうとしているとしよう。これが、東京に行くべきところを大阪に向かって駆けていったのでは、絶対に東京にたどり着けない。一方、東京の方向がはっきりわかっている場合は、自分の活力や努力が必ずあなたを東京に導く。これは船が絶えず自分の位置を確認しながら、目的の港に向かって航行することと似ている。

人は自分が誤った目標に向かって結局どこにもたどり着けないと感じたとき、間違いなく絶望し加えて満足感を味わえない。したがって行動する前に目的をしっかり把握し、絶えずその目的を確認しながら進むことが肝要だ。

さらに目標を設定するとき、大切なことは、具体的かつ前向きな表現を使うことである。たとえば、「東京に行く」という目標を掲げても、いつ、どの程度目的地に滞在するのかといった、数値目標が必要になる。単に「東京に行く」というだけではいつまでたっても実現しない。それを「来月末までに生活拠点を東京へ移す」となれば、目標から逆算して、いつまでに何をすべきかとの具体的なリスト作成が可能となり、実行にも移しやすい。仕事の段取りも、住居の手配も、より具体性を帯びてくるのである。

またこのとき、「もしそれがダメだったら、大阪へ行こう」などと、余分なことを考えてはいけない。**目標を達成したいと考えるのなら、それが成就した時のことを積極的に想念し、最初からダメだったときの取り越し苦労までする ことはない。**余計なことを考えると、目標に集中できず、虻蜂取らずが関の山だ。

仕事をする場合、タイムスケジュールの組み方が大変だ。ルーズにすればいくらでもできるし、過密スケジュールを組めば、健康管理やプライベートで良好な対人関係を継続するのが難しくなる。

そこで私の場合は、まず、いつまでにこれを仕上げるという期限を切り、とりあえず大まかなスケジュールを決めるようにしている。次に細かいものは、その時々の優先順位で仕事を処理するように心がけている。本を書くときなどは、なかなか筆が進まずスランプに陥ることが少なくない。このような時は、完成した本を眺める自分をイメージして、少しでも前進するよう心がけている。

成功へのワンポイントアドバイス

具体的な数値で、目標を定めること。目標に向かって前向きに進むこと。

7 志を立て、まっすぐ進む

人は、他人がしていることに対して、外野からあれこれと干渉するのが好きな生き物である。何か新しいことをしようとしている人を見ると、自分はよく知らないにもかかわらず、もっともらしい批評を加えて不安に陥れ、せっかく芽生えた志を大きく揺さぶる。

もともと、そのようなことで揺らぐ志ならば、頓挫するのも時間の問題だろうが、ひとたび志を立てたならば、人は無責任な評論家だと心得て、その志をくじくような悪い話には耳を貸さないようにするのが賢明である。

「閑想客感《かんそうかくかん》は志の立たざるによる。
一志すでに立ちなば、百邪退聴《ひゃくじゃたいちょう》す。
これを清泉湧出《せいせんゆうしゅつ》すれば、旁水《ぼうすい》の渾入《こんにゅう》するを得ざるに譬《たと》う」

（佐藤一斎『言志後録』より）

意味は次のとおりである。

「つまらないことを考えたり、外のことに心を動かしたりするのは、志が立っていないからだ。ひとつの志がしっかり立っていれば、もろもろの邪念は退散してしまう。これは、清泉が湧き出ると、外からの水が混入できないのと似ている」

およそ、**世間の毀誉褒貶にいちいち左右されていては、事は成せないのである**。それというのも、人は自分のおかれた立場によって、正反対のことを矛盾もなく平気で考えるからだ。

たとえば雨の日に、濡れた傘を手にしながら、混んだバスへ乗り込む場面をイメージしてみよう。自分が既にバスに乗っている側であれば、もうこれ以上、人を乗せるのはやめてほしいと思うだろうし、これから乗り込む側の立場であれば、せめて自分が乗れるよう、乗客にもっと詰めてほしいと思うだろう。

このように、**人はそのときの立場でいろいろなことを言う**だろうが、あなたは自分がこれと決めたことに対してのみ打ち込んでいればよい。また、それくらいでなければ世間に認められる仕事はできないのである。

成功へのワンポイントアドバイス

世間の毀誉褒貶にいちいち左右されていては、事は成せない。

⑧ 種を蒔き、大きな花が咲くまで待つ

花は、誰に教わるでもなく開く時期を心得ている。寒い日も暑い日も、風の日も雨の日もただひたすら耐え忍び、開花に備え準備する。大きく立派な花を咲かせるために、あせらずたゆまず、その時期を静かに待つ。そしていきおい花開くとき、その美しさを他に誇るでも奢るでもなく、あるがままにおしげもなく、それまでの成果を披露する。それゆえ、四季折々に咲く花を、人は素直な気持ちで愛でることができるのだと思う。

私たちが誰でも持ちあわせている潜在能力も、花と同じく自然に備わっている力である。その力を引き出すためには、何も特別なことをするのではなく、あたりまえのことを辛抱強く、成果が出るまで継続すればよいだけのことなのだ。ただし、最初に成功の種蒔きだけはしておかなければ、花を咲かすことはできない。多種多様の種を蒔いておけば、思いがけない場所に美しい花が咲く。私の体験では、こと人脈に関しこれが顕著だ。誠実な商売をしていれば、客が客を呼んでくるのである。口コミほどすばらしい宣伝効果はない。

これは、ロスチャイルド財閥の創始者であるマイヤー・ロスチャイルドの話だ。ユダヤ人の彼は、人種差別と迫害に屈せず、貧困の中からこのようにして身を起こした。

マイヤーは雑貨商を営む両親の元で、早くから商才を発揮した。今では珍しくない古銭商売だが、彼が生きた18世紀には誰一人として興味を持つ者はなかった。だが、いずれこれが商売になると、忍耐強く古銭収集に励んだのだ。

予感はみごと的中し、古銭の商売を通じ、幸いにも時の権力者ヴィルヘルム９世と親交を深めていく。このマイヤー・ロスチャイルドが、どのようにして、ヴィルヘルム９世のゆるぎない信頼を得ていったか、それが私たちの教訓となる。

マイヤーはヴィルヘルム９世の前で、古銭の価値について熱弁をふるい、高価な古銭を、原価を割って提供した。なぜなら、身分の低い自分が貴族と取引があるというだけで、信用とハクがつき、手広く商売ができるメリットがあるからだ。それにしても、貴族は吝嗇だった。20年近く原価割れで商売し続けたマイヤーは、常に極貧状態に身を置いた。

ところが、ヴィルヘルム９世は忠実に尽くしてくれたマイヤーに絶大なる信頼を置くようになっており、戦争が勃発した機に、全財産の管理と運用を彼に一任した。そして、彼は財産の運用に成功し、莫大な財産を築きあげたのだった。

この話は、**人からの信用が、徹底した行動から生まれる**ことを教えてくれる。

成功へのワンポイントアドバイス

信念を兼ね備えた徹底した行動が、人々の信頼を勝ち得る。

9 ハナの差理論

「ハナの差」とは、競馬の用語である。

ゴールにおいて一着馬と二着馬の着差が、たった鼻の先ほどのわずかの差であっても勝ちは勝ち。負けは負け。そして、得るべき利益には雲泥の差がある。

かつて実際に、「ハナの差」で明暗を分ける天皇賞杯があった。勝者と敗者、利益の差はどうだったのか？

こちらのほうは「ハナの差」どころか、単純に賞金面では数千万円。加えて、「天皇賞馬」という名誉が一着馬にはもたらされ、引退後種馬として子孫を残すことができたのである。一馬身ならまだ諦めがつくものの、くどいが両者の命運を分けたのは、あくまで「ハナの差」だった。さらに興味深いことに、翌年の天皇賞杯でも、二着馬は二着止りだった。

さて、皆さんはこの「ハナの差の理論」から二つの大きな真理を学べるのではないだろうか？　一つ目は、あともう少し努力すればそうしなかったことに比べて莫大な報酬が得られるということ。二つ目として、莫大な報酬を得るには、人と比べてものすごい努力をしなければならないというよりは、ちょっとだけ多く努力をすればいいのだということだ。

つまり莫大な富と栄誉を得るためには、寝食を忘れ24時間努力せよというのではない。今できることを今行い、ほんの少しでも人より多く仕事をすることが、後に大きな利益をもたらすということなのである。私自身について語れば、**十一努力するところを十一努力した結果が、今日の世間の評価である**と受け止めている。

たとえば、取引先には年賀状や暑中見舞いを欠かさない。前回お世話になったり、ご馳走になったら、次に会ったときにお礼を忘れない。また、得意先から入金が確認できたときは、即座にお礼のメールを入れるなど、当たり前なちょっとした心がけなのだ。

だが、このちょっとした数字にすれば十と十一のたった一の差が普通の人にはできないのも、また事実のようだ。そして最も怖いのが、この差の一が日単位で積み上げられていくということである。考えてもみよう。**一日単位のハナの差が、人生においては大差となってしまう**ことを。

そして思うに、十と十一の差の一は、エクストラな努力というよりは前述の例のように当たり前のことを当たり前にやることで十の実力が効率よく一割増え、結果として十一やったということになるのである。

成功へのワンポイントアドバイス

たかが「ハナの差」されど「ハナの差」。

第5章

人生は行動である

私は人生の岐路に立ったとき
いつも困難なほうの道を選ぶ
これが私の生き方だ

1 ラブ・イズ・アクション

行動は大切である。行動の伴わないアイディアは、絵に描いた餅にすぎない。

たとえば、あなたは今、泳ぎが上手になりたいと考えているとしよう。だが、畳の上でいくらクロールの練習をしても、泳ぎは一向にうまくならない。この場合は実際に水に入って、試行錯誤しなければ上達できないのである。いうなれば習うより、慣れろ。

「こうしたい」「こうなりたい」との願望があったら、いつまでも頭の中でイメージを思い描いているばかりでなく、実際に行動してみることが大切だ。

不思議なもので、**自分が実際に行動していると、その事柄に関心が高まり愛着が湧いてくるものである。愛着が湧けば、そのことに関してますます行動するようになる。**

かりに、あなたの家族が大きな事故にあったとの知らせを受けたとしよう。このとき、あなたはどうするか。心配で胸が張り裂けんばかりになり、即座に家族が収容された病院に駆けつけるだろう。愛する者の安否を気遣う気持ちが、あなたを即行動に移らせるのだ。

私の末娘が一歳半だったとき、インフルエンザによる高熱でひきつけを起こしたことがあった。意識を失い救急車で総合病院へ搬送されたのだが、最悪、右半身不随になるかもしれないとの連絡を受けた。医者でない自分に何ができるわけでもなかったが、終わったばかりの講演先から、無我夢中で高速道路を使って2時間の距離を車で飛ばしに飛ばした。幸い後遺症もなく、３日の入院で済んだ。

「愛が行動」ということは仕事にもいえる。日頃、精一杯仕事〔行動〕をしており愛社精神を持っている人は、会社の存続に真剣だ。将来を予測し健全な経営ができるよう、情報収集や新たなる次の一手を欠かさない。

こうした姿勢の人たちは、社長をはじめとした経営陣に多いといえよう。

それにひきかえ、会社の経営がよかろうが悪かろうが、一向に興味を示さず与えられたことだけをする人もいる。腰掛け的な感覚で入社したこのような人の姿勢は、もちろん最初にリストラされる。

「ラブ・イズ・アクション」。これは、愛があればこそ行動でき、また行動することによってますます愛が深まる、とする両方向の法則である。人間関係でも、仕事関係でも、趣味でも、ペットとの交流でも実にさまざまな場面で活用できる。あなたも愛ある生活がしたければ、まずは自分が行動してみることだ。

成功へのワンポイントアドバイス

愛があればこそ行動でき、また行動することによってますます愛が深まる。

2

とにかく行動、やってみなはれ！

ものごとを大きく考え、大きく行動する人は、大きな成功をつかむことができる。反対に、そこそこにものを考え、そこそこに行動する人は、そこそこの成功しかつかむことができない。

また、せっかく大きな願望を抱いても、思い描いているだけで実際の行動に移さなかったら、成功をつかむことはできない。

人は何か新しいことをしようとするとき、それをしたほうがよいのか、しないほうがよいのかを思い悩む。「石橋を叩いて渡る」ことは、無用な失敗をしないためには慎重でよいことではあるが、反面、即応性を欠き融通が利かない。小利口な人は、失敗を回避したいがために、何だかんだとやらない理由を、もっともらしく口にする。しかし、それではいつまでたっても状況は変わらない。せっかくのチャンスを逃してしまうというものだ。いずれを選ぶのかは、ケースバイケースだろうが、成功者は失敗を恐れず、まず第一歩を踏み出す。

雪山賛歌の作詞でも有名な第一次南極観測隊隊長・西堀栄三郎は、その著書で
「とにかくやってみなはれ。やる前から駄目だと諦める奴は、一番つまらん人間だ。一番大事なのは、まずやってみる勇気なのだ！　失敗したら、またやり直せばいい……新しいことをやろうと決心する前に、こまごまと調査すればするほどやめておいたほうがいいという結果が出る。石橋を叩いて安全を確認してから決心しようと思ったら、おそらく永久に石橋は渡れまい。やると決めて、どうしたらできるかを調査せよ」
と語っている。これは余談だが、慎重すぎて「石橋を叩いて割る」ようなことがあっても、当然、川は渡れなくなる。

さて次に、行動してもなかなか成果が現れない場合は、次の二つの原因を疑ってみよう。一つは、行動の方向が間違っていないか。もう一つは、行動が十分足りているのか。

行動の方向性さえ間違っていなければ、あなたは行動に徹すべきである。だからといって気まぐれで一気に行動するのではなく、同じ量をこなすにしても、**毎日コツコツ続けること、そして徹底した行動が成功には不可欠だ。**

成功へのワンポイントアドバイス

まずは「行動への第一歩を踏み出す」、その後は「徹底した行動」が成功への鍵となる。

3 今すぐ始める

「お金ができたら、パソコンを買い換えよう」「子供の手が離れたら資格をとろう」「仕事が暇になったら、旅行に行こう」

このように願望を持ちながら、それを実現できないのは機が熟していないからだと、往々にしてあきらめていることはないだろうか。私たちが願望を叶えられない理由を数え上げていたら、みすみすせっかくのチャンスを逃してしまうことを知らなければならない。

人生設計は確かに大切な作業だが、本当にやりたいことを先延ばししていても、永遠に好機は訪れない。これまでの人生を振り返ってみれば、それが良くわかるだろう。あなたをとりまく状況は、常に安定しているとは限らない。たとえば、金ができたときには、パソコンより生活必需品である洗濯機が壊れていて買い換えの必要があるかもしれないし、子供が大きくなったと思ったら、今度は老親の介護をしなければならなくなっているかもしれない。また、仕事が暇になったら、収入が減って旅行など夢のまた夢といったことも考えられる。コロナ禍の今は、金があっても旅行に行けない。

今、本当にやりたいことは、多少の無理を覚悟で行動に移さなければ、いつまでたってもすることはできない。**人生は今の積み重ねである。**過去・未来の橋渡し役が現在であって、今を軽視してよい人生は送れないのである。

「後悔先に立たず」

本当にやりたいことだと認識したときには、たった今からはじめることだ。なぜなら時間の経過とともに、あなたはできない環境をあれこれと探し当て、「やりたいこと」は「やりたかったこと」へと変わってしまうからだ。

毎日、必ず誰かが亡くなる。そのうち何人の人が、生前、その日自分が死ぬと予測していただろうか。一世を風靡した漫画、「100日後に死ぬワニ」もそうだった。人物は生身で、次の瞬間自分の身に何が起こるかわからない。

だから、**やりたいことは、今、やるしかない**のである。

成功へのワンポイントアドバイス

やりたいことは、すぐ着手すること。いくら待っても好機は永遠に訪れない。

④

当たり前のことを当たり前にする

一般的な感覚を持ち合わせた人にとって、成功者とは、何か特別な才能があったり特別なことをしてきたから、自分たちには到底望めない富と名誉を得られたのだと思いがちだ。しかし、これは大きな間違いである。

確かに天才肌の人が全くいないとはいわないが、その多くは一般的な才能の持ち主であり、何か特別なことをやってきたわけではない。では、一般の人と何が違うのかといえば、少しばかり積極思考で、当たり前のことを当たり前にやり続けてきただけなのだ。

では、当たり前のこととは何か。これはごく常識的で日常的なことでよい。だが、中でも大切なことは、**①早起き、②あいさつ（礼儀）、③整理整頓（＝後始末）、④陽転思考（＝積極思考）、⑤真似する習慣、**の5点である。

まず、「早起き」。この重要性は今さら改めて述べるまでもない。「人生の勝負は初動にあり」という言葉がある。遅くとも6時30分には目を覚まそう。新井白石ではないが、それこそ水をかぶってでも起きあがるべきだ。世の中で朝寝坊の人間が成功したためしはない。

次に、「あいさつ」そして礼儀。あいさつ、これは人間として基本的なことだが、とても忘れやすい。礼儀についても然り。世の中、自己中心的な考えが跋扈し、感謝の心を忘れた人が多い。親に対して、師に対して、友に対して礼節を欠かぬよう注意すべし。

三つ目に「整理整頓＝後始末」。整理整頓されたスペースは、気持ちがいい。少なくとも、玄関で脱いだ靴をそろえることぐらいは実践したいものだ。自ら気づかぬとも、人の目はどこにでもある。

四つ目に「陽転思考（積極思考）」。否定語は一切使ってはならない。何故なら、できないと思った瞬間、本来できる能力があったとしてもできなくなってしまうからだ。

最後に「真似する習慣」である。ことよい習慣についてはこれを積極的に行うべきである。真似すべきよい習慣とは、もちろん成功者の生き方そのものである。

当たり前のことを当たり前にすること。この実践が必ずや、あなたを成功者に変える。

簡単なことと侮ることなかれ。再度言う、実践あるのみ!!

成功へのワンポイントアドバイス

当たり前のこととは、①早起き、②あいさつ（礼儀）、③整理整頓（＝後始末）、④陽転思考（＝積極思考）、⑤真似する習慣、の5つ。

5 情熱が人を動かす

成功を考える人は、コミュニケーションをはじめとした、人との上手な付き合い方も視野に入れなければならない。それというのも、たった一人の力でできることには限界があるからだ。何から何まで、自分がやろうと思ったところで、協力者が多い人の仕事と比較すれば、情報量、迅速さ、処理能力、どれをとっても勝るものはない。

しかし自分が望むように、人を動かすのは至難の業である。それというのも**「一寸の虫にも五分の魂」**というように、どんなに小さなものでも、それ相応の意地やプライドがあるからだ。

たとえ、こちらの言っていることがどんなに筋が通っていようが、正しかろうが、相手が心から納得しなければその提案は受け入れられないのである。

人は、心で感じ納得して初めて動く。決して難しい理屈や理論では動かない。それを証拠に、辞書には「感動」という言葉はあっても、「理動」という言葉はみあたらないだろう。

人を動かすためには、なんといっても自らが動かなければならない。すぐに成果が現れなくても、自分が信じることをコツコツやり続けなければならない。人は、行動に情熱をみることで感動を受け、自らも動くのである。

たとえば、これは、どこの支店に行っても業績がナンバーワンになる銀行員の話だが、彼は毎朝６時半に銀行の前の商店街を１キロメートルにわたって掃除をするという。そんな姿を見れば、誰だって感動するだろう。ああ、あの人の銀行に預金しようとなるのである。

また自分が、親や上司といった子供や部下を指導する立場にあれば、次の言葉を実践するのがよいだろう。

「して見せて、言って聞かせてさせてみて、褒めてやらねば人は動かじ」

これは連合艦隊司令長官山本五十六の言葉である。率先垂範、これは指導者の鉄則といえよう。

成功へのワンポイントアドバイス

人は、心で感じ納得して初めて動く。難しい理屈や理論では動かない。

6 成功には対価が必要である

いろはガルタの「犬も歩けば棒にあたる」、この意味を皆さんはどうとらえているだろうか。

考えるに、二通りの説明がつく。

本来の意味は、家にじっとしていないでわざわざ出歩くから、あたらなくても良い棒にあたって（災いに遭遇して）しまう。だから、用もないのにむやみやたらに出歩くことを慎むように、という戒めを含んだ解釈。

もう一つの意味は前者とは正反対で、外に新しいものを求めたから犬は棒（好奇の対象）に当たったのであり、刺激を求めてどんどん外に出ていきなさいと外出（＝行動すること）を奨励する解釈である。

このように同じ言葉でありながら、相対する解釈が生まれることは実に面白い。前者は完全に守りの姿勢で、行動することにより発生するリスクを恐れるがあまり、精力的に新しいことへチャレンジして自己の能力を高めることができない。残念なことだが、これでは現状維持以上の発展は望めないことになる。

もちろん**成功を求める私たちは、攻めの姿勢で積極的に行動しなければならない**。犬も歩かなければ棒にあたらないからだ。

さてもう一つ。「たなからぼたもち」という諺をご存知のことだろう。この意味は、たなの上からぼたもちが落ちてくるように、思いがけない幸運がまいこんできたときに使う。

しかし考えてみよう。この人は、何かよいことがありそうなたなの下まで体を移動させたから、たなの上にあったぼたもちを得ることができたのである。何もないところで寝ていても、ぼたもち（幸運）が落ちてくるわけはない。

したがって、事前にそれなりの情報収集があって、それを得るために蓋然性が高い行動をとったので、よい結果を出すことができたと考えるのが正しい。

「果報は寝て待て」「運を天に任せる」といったこれらの諺も、主体性を欠き、あたかも偶然がよい知らせをもたらす印象を与えがちだが、本来は自分ができる限りの努力を尽くし、その結果を待つまでの心構えなのである。

成功には対価が必要である。行動が伴わない成功など、どこにもありえない。

成功へのワンポイントアドバイス

犬も歩かなければ、棒（幸運）にあたらない。人間は行動しなければ、成功しない。

7 気づき、考え、行動する

あなたは、馬を水飲み場まで連れて行くことはできても、その馬に水を飲ませることはできない。なぜなら、馬はのどが渇いていなければ、水を飲もうと思わないからである。また、いくら賢者がよいことを教えても、自分の頭で考えようとしない愚者には、有難い教えもただの小言にしか聞こえない。良薬、口に苦し。同様に、**せっかくよいものがあっても、それを使わなければ宝の持ち腐れ**である。

これは、成功を望んだある若者の話である。若者は成功している師に尋ねた。

「先生。どうしたら先生のように成功することができるのでしょうか」

師はこう答えた。

「成功したければ、今すぐすべきことが三つある。第1にあなたの考え方を改め、第2にあなたの行動をかえ、第3に成功するために喜んで犠牲を払わなければならない」

そこで、若者ははたと考えた（ここまで培ってきた自分の考え方を、なぜ改めなければならないのか。慣れ親しんだ習慣を、どうして変えなければならないのか。成功に、わざわざ犠牲を払わなければならない理由がどこにあるのだ）。

若者は、楽をして成功する方法を探していたのであり、あえて自分を変える苦労をしたくなかったのだ。苦痛を甘受してまで、成功を必要としていなかったのである。もちろん、これでは成功しようにもその資質がない。

いつの世も制度がよければ、人々が幸せになれると思い違いしている人がある。いくらよい制度があっても、それを使う人々が制度を正確に理解し、上手に運用しなければ機能しない。人任せであったならば、それは水飲み場に連れてこられた馬と一緒である。

幸せになりたいと願う人々に必要なことは、諸般の状況を思慮深く観察し、自分たちが必要としている制度となるよう、考え、行動することである。**人から与えられ、楽をして得られる幸福や成功など、どこを探しても見つからない。**

こうした思いで、私はこれまで社会に物申してきた。**意見を申し述べることは、社会を活性化する意味で非常に大切なことである。**もちろん、意見を述べる際には、具体的な代替案を提示することを忘れてはならない。

成功へのワンポイントアドバイス

人から与えられ、楽をして得られる幸福や成功はない。

⑧ 物理の法則……人の悪口は言わない

人間関係をはじめとして、原因と結果の間には面白い法則が存在する。

たとえば、こちらが好意的な感情を持っている人には、たいてい相手からも良い感情を持たれる。反対に、こちらが嫌悪すれば相手も嫌悪する。

これをインドの哲学思想である**「八識論」**では、目に見えない潜在的な部分でエネルギーが働いているからだと説明している。

この思想によれば、人の心は八識からなる構造があるとされている。最初の五識は、人間の五感と呼ばれるもので、視覚・聴覚・臭覚・味覚・触覚の五つの感覚をいう。次に第六識が理性。これらを総称して**「顕在意識」**と分類する。

そして、残りの二つが**「潜在意識」**となるわけだが、第七識が**「マヤ識」**と呼ばれる習慣的な心をいう。これはまさしく「潜在意識」のことであり、いつもしていることは体が覚えていて、特に「顕在意識」が働きかけをしなくても一連の行動にしっかりと納まっている。たとえば、寝る前には無意識に、ガスの元栓や玄関の施錠を確認したりすることがこれにあたる。

最後の第八識は**「アラヤ識」**と呼ばれるもので、人間共通の潜在意識と位置付けられている。たとえば、不吉なことを予感するムシの知らせや、離れた場所に住む人が、臨終の際、親しい人の夢に現れて死を知らせるという夢枕などがこれにあたる。

興味深いことに、かの有名なジョセフ・マーフィーは、「マヤ識」は「アラヤ識」と直結しており、よい習慣を身につけていればこれが周りの人間に以心伝心で伝わって、必ず自分によい形で戻ってくると述べている。それゆえ、反対にいくら腹が立ったとしても、人の悪口を言うことは慎むべきなのだとしている。なぜなら悪口も、そっくりそのまま自分にはね返って来るからだ。

こうした原理は、物理の法則に似ているといえよう。**壁に向かって弱くボールを投げれば小さく返ってくるし、強く投げれば大きな力となって自らに返ってくる。**

将来への地道な投資は、短期的に見ればその効果を実感することは難しいが、長期的な視野で俯瞰したならば、物理の法則はあなたへの協力を惜しまない。

成功へのワンポイントアドバイス

あなたが成功したければ、周囲に対してよい心掛けのボールを投げよう!!

そうすれば、物理の法則でよい形で自分に戻ってくる。

9 見えない請求書

物を買えば、表示された価格の代金を支払わなければならない。何らかのサービスの提供を受けたら、それに見合うだけの対価を支払わなければならない。仮に代金の支払をしなければ、もちろんそれは窃盗や詐欺といった犯罪になる。

こうした**ギブアンドテイクの原則は、資本主義社会の基本中の基本**である。なにも、ビジネスに限ったことではない。対人関係においても、この原則は大きく作用する。だが、他人が自分にしてくれたことに対し、誠意をもって応えることができる人は少なくないか。

よく、簡単に「お知恵拝借」などといって、アドバイスを求める人があるだろう。しかし、相手はその「知恵」を仕入れるために、情報収集のための労力と、相応の資本を投じたはずである。したがって、「知恵」にもそれなりの元手がかかっており、いわば、商品なのである。ちゃっかり拝借するなど、もってのほかだ。相応の御礼をすることがエチケットである。ごく簡単な内容ならばいざ知らず、すべてを無償で情報提供しなければケチといわれるならば、コンサルタント業は生業として成立しない。

また、知人と一緒に飲食をしたとき、相手が奢ってくれることがあるだろう。このとき、奢られた側がどう考えるかで、その後のつきあい方が大きく変わるというものだ。えてして、次の二つのパターンに分けられる。

最初のパターンは「食事代が儲かった。また、一緒に食事をして、奢ってもらおう」。次のパターンは「食事代を出させてしまって申し訳なかった。今度は何かの機会で自分が御礼をしなければ」。

もちろん、長く良好な人間関係を保ちたければ、後者の心がけで臨まなければならない。なぜなら、人は、**自分の提供した好意＝行為に相手がどれだけ感謝（報酬）してくれるかを、見えない請求書を出して推し量っている**からである。その請求書に金額（物や現金だけではなく行動も含まれる）を書き込むのは、ほかでもないあなた自身なのだ。相手を大切に思うなら、金額は多くなるだろうし、そうでなければ請求書をそのままにしておけばよい。

ところで私が若い頃、給料日に、同僚たちと飲みに行き、一円も残さず彼らに大盤振舞いをしてしまったことがある。次の日からは食事にも事欠くようになった私に、同僚から翌月の給料日までの昼飯という形で返ってきた。これもギブアンドテイクの法則だったと感謝している。おかげで、次の給料日まで生き延びることができた。有難い話である。

成功へのワンポイントアドバイス

人は、見えない請求書を出して自分の価値を推し量っている。

10

自分で自分を褒めてあげたい

成功の特徴として、達成感が挙げられる。

その点において「自分で自分を褒めてあげたい」と語り、当時流行語にもなった女子マラソン有森裕子選手の言葉が印象的だ。彼女は、バルセロナ五輪で銀メダルを獲得し、次のアトランタ五輪では否が応でも国民から金メダルへの期待が高まった。そして、結果は惜しくも銅メダルだったにもかかわらず、レース後のインタビューでは**「自分で自分を褒めてあげたい」**と笑顔で語った。

おそらく彼女は、はたからの計り知れないプレッシャーと戦いながら、やれることはすべてしたうえで五輪に臨んだのだろう。だから金メダルは逃したものの、爽やかな笑顔で自分の結果を素直に受け入れられたのだと思う。

この達成感、あるいは満足感と言い換えてもよいが、人によってその種類もレベルの高さも違う。ある人は、1千万円の蓄財をすることに満足感を覚えるかもしれないが、別の人はその金額が1億円かもしれない。また別のある人は、金には執着がないけれど、よい音楽を作りだすことに満足感を覚えるかもしれない。それが別の人には、料理であったり、小説であったり、マラソンの記録であったり、千差万別であることは想像に易い。

この満足感は、併せて人からの評価を受けられるにこしたことはないが、大切なのは有森さんのような、「ああ、達成したんだ」という本人の自覚である。

仏教の『十二巻本正法眼蔵』では、

「不知足者、雖富而貧。知足之人、雖貧而富（不知足の者は富むといえども貧し、知足の者は貧しといえども富めり）」

との「知足」の教えがある。これは強欲を戒める禅の言葉であるが、満足感を味わえる人は、たとえ貧しくても心のあり方は豊かであり、反対に満足感を味わえない人は、実際に富を持っていても心のあり方は貧しいという意味である。

「知足」は、成功を考えるうえで非常に重要な意味を持つ。仮に努力の先に、達成感を得られなかったならば、それは無味乾燥としたものだろう。働いても、働いても達成感が得られない、人の評価が得られないと、充実感を味わえないのでは、人生に疲れるだけだ。

だからこそ、足ることを知らなければならない。成功は汗を流して得られるものであると同時に、笑顔で報いられるものでなければ価値はない。

成功へのワンポイントアドバイス

成功は汗を流して得られるものであると同時に、笑顔で報いられるものである。

第6章

やり遂げる強さの秘訣

自分の将来に遠慮するな
一回しかない人生なのだから
大きな夢を持ち
それを目的に変えるために猛烈な
努力をしよう
そうすればきっと目的が達成できる
日がくるだろう

1

選択の積み重ね……それが今のあなた

人には平等に与えられたものが二つある。

その一つは1日24時間という時間である。**社会的地位や富のあるなしにかかわらず、誰しも1日には24時間の時間が与えられている。**

そしてもう一つは、選択の自由である。朝まだ眠い目をこすりながら、布団から出るタイミングを決めるのは、あなただ。思い切って起きるも、もう5分と、目覚まし時計をセットし直すのも、あなたの選択である。

意を決して布団から抜け出した後、会社に着ていく服を決めるのもあなたの意思一つ。さらに朝食をとるか抜くか、通勤の電車は座ることができる各駅停車にするか、それとも早く会社に着けるが、満員の特急を選ぶか……。

こう考えると、私たちは一日にいったいどれだけの選択をしているのだろうか。重要な選択から無意識レベルで行う選択まで、内容はさまざまだが確かに数多くの決断を下していることになる。

私たちがよりよい人生を送るためには、こうした「自分が選択している」という事実を

しっかり認識しておかなければならない。なぜなら、現在、今ここにいるあなたは、過去自らが行ってきた選択の結果に他ならないからである。

今、仕事が面白くないと感じていれば、それは積極的に面白い仕事をする努力をしなかったあなたの責任である。たとえば、仕事に対して創意工夫を凝らしただろうか？　仕事に関して、関連した資格をとるなり、独学でも専門性を深める勉強をしただろうか？

また、仕事の人間関係に悩んでいるあなたは、状況を客観的に把握して、相手の立場でものを考えてみたことがあっただろうか？

さらに、高血圧や肥満といった成人病で悩むあなたは、食事や運動、睡眠などに、節度ある日常生活を心がけていただろうか？

このように、仕事にせよ、人間関係にせよ、健康にせよ、**現在のあなたはこれまでに自分が選択した数多くの結果の積み重ねにすぎない**。したがって、現状が満足いかないものであるならば、今すぐ正しい決断をし、即それを実行するしかない。

決定するのは、ほかでもないあなた自身だ。

成功へのワンポイントアドバイス

不平不満の責任転嫁はいらない。正しい決断と、即実行が成功への近道。

② 苦境こそ最大のチャンス

現在の社会情勢は、お世辞にも安泰とはいえない。コロナ禍であること、米中の対立、原発問題、テロの危険、食の安全性への不安などなど。むしろ負の要因が多く、その中から明るい目標を打ち立てることは、いささか難しく感じるかもしれない。

だが、こうしたときこそ歴史をひもといてほしい。世の中が安定していたら、信長や秀吉といった名将が登場しただろうか。**背水の陣を強いられた幾多の修羅場をくぐり抜け、生死をかけた実戦の中から、効果的な戦術、兵の士気を鼓舞する手腕を体得した者だけが、名将と称えられたはずだ。**そして、後世の今にその偉業が語り伝えられ、名将のマネジメントは現代の経営・人事管理分野にも多大な影響を与えている。

また、優れた文学や芸術も、多くは苦境やコンプレックスの中で理想と現実の狭間に煩悶し、懊悩し、そのエネルギーがプラスの方向に結実したものが現在もなお、高い評価を得ているのだ。音楽家でありながら、重度の難聴となったベートーベン。奴隷だったイソップは主人を喜ばすために、物語を書いた。醜男で女性にもてないアンデルセンは、能力ある自分だが今はまだ醜いアヒルの子だと、童話『醜いアヒルの子』を書き上げた。

さらに、明日の生活にも事欠くような、貧しい家庭環境にあった人も同じである。たとえば、劇作家のシェークスピアは、父親が家畜解体業と牧畜業を営む貧しい身分の出であったし、ディズニーランドで有名なウォルト・ディズニーの幼少期もかなり貧乏で、彼は子供の頃から生活のために働かなくてはならなかった。

成功する素質を持つ者は、苦境だからこそチャンスだという。それは多くの危機や困難に直面し、これまで気づかなかった物事の一面を見ることになるからなのだ。現状を何とかしなければと、苦境から脱却するためにあらん限りの知恵を絞り、額に汗し、目に涙して必死に歯を食いしばるのだ。こうした努力をする中で、これまでとは異なった新たな潜在能力を、自分に見出す。

人生に無駄などない。「人間万事塞翁が馬」である。その時々の心の受け止め方で、ポジティブな明るい人生を送ることが誰にでもできるはずだ。

成功は自らの心掛けにあり、苦境やコンプレックスはチャンスと心得たし。

成功へのワンポイントアドバイス

成功は自らの心掛け。知恵を絞り、額に汗し、目に涙して勝ち得るもの。

3

現状に満足するな

世界有数の企業集団「ＩＢＭ社」では、安住を貪ることへの警鐘を打ち鳴らし、創設者であるトーマス・ワトソンが**哲学者キェルケゴールの「野鴨の哲学」**を社員に提唱した。「餌を人間から与えられ、太って飛翔できなくなった野鴨になるな、常に数千キロを命懸けで渡りゆく精悍な野鴨であれ」と、その社是はＩＢＭに現在も継承されている。

不遇の哲学者キェルケゴールは、デンマーク郊外のジーランドという湖の近くで転地療養を兼ねた青春時代を送った。そこで毎年渡ってくる野生の鴨を見つめながら、野鴨の習性を通じて人間社会に意味深い警告を発したのだ。

ジーランドの湖畔に、一人の老人が住んでいた。老人は、決まった季節になると遠路はるばるこの湖に渡ってくる野鴨たちに、おいしく栄養たっぷりの餌を与えた。ある時期をそこで過ごした鴨たちは、いずれ次の目的地へ餌と快適な環境を求めて向わねばならないが、それまでの間、老人は餌を与えた。

ところが、十分過ぎるおいしい餌を与え続けられた鴨たちは、いつしか渡り鳥の習性を忘れてしまった。そして比較的温暖な居心地のよいこの湖で、一年を通して過ごすようになっていたのである。あえて命の危険を賭して、遠方まで旅する必要もなくなり、恵まれた環境で何不自由なく過ごす鴨たちは、とても幸せそうで平和そのものに見えた。

ところがその日は突然やってきた。餌を与えていた老人が、死んでしまったのだ。鴨たちに餌を用意してくれる人は、もういなくなった。彼らは生きるために、明日から自分達で餌を探さなければならなくなったのだ。それに気づいた鴨たちに、ようやく渡り鳥の習性が呼び覚まされた。かつてのように大きく羽を広げ、次の場所へ移動するため、舞いあがろうと試みる。だが、何度試しても水面から浮き上がることができない。安住に慣れきった、醜く太った身体には、かつての渡り鳥の精悍さは見る影もなかった。

そして飛べない渡り鳥の運命はいかに…。哀れにも、死を待つことだった。

危機感を忘れた安住安楽は、心のスキが招く自滅への第一歩である。人は、安易な方向に流され易い弱さを持っている。しかし、**皆と同じだからという根拠なき安堵感で、真理に目を背けてはならない**。そう、あの野鴨たちのように。

成功へのワンポイントアドバイス

「WILD DUCKS」……誰しも精悍な野鴨であれ。

④

4匹のカエルに学ぶ

今回は、4匹のカエルに人生学を学ぶ。仮に彼らの名前をA、B、C、Dとしておく。カエルA・Bには、お湯に入ってもらう。まずカエルAには、熱湯を入れた容器に入ってもらったが、ビックリした彼は目にも止らぬ早さで容器から飛び出し難を逃れた。次に、カエルBには、水を張った容器にボイルする前から入ってもらった。そして、少しずつ少しずつ、その容器を熱していく。どうなるか。最初、彼はいい湯加減とばかりに、気持ちよさそうに目を閉じておとなしくしていた。しかし、熱がどんどん加わり、気づいたときにはどうしようもない熱さで、体力はとっくに消耗していた。こうして、飛び出るタイミングを逸したカエルBはユデガエルとなり、不幸にも命を落した。

私はこれを「ユデガエル現象」と呼ぶ。心地よい時間が長ければ長いほど、また緩やかな環境の変化には、的確な状況判断が遅れる。安穏と時を過ごしていると、危機意識が薄れ、いざ自分の身に降りかかった危険から逃れようとしても思うように体が動かない。気づいたときには、すでに遅し。過酷な運命の餌食となる。したがって、**いかなる時もアンテナを高く張り、正確な情報収集と正しい判断ができる目を錆びつかせてはい**

けない。

さて残りのカエルＣ・Ｄには、ミルクを張った比較的大きな容器で別々に泳いでもらう。どちらのカエルも普通のカエルで、水で泳ぐことには慣れているが、ミルクの池に落とされるのは初めてだ。２匹とも最初はばたばたと、不慣れながらも泳いでいた。

その後、カエルＣは普段と勝手が違い、思うように手足が動かないミルクの池で絶望の淵に追いやられた。「ああ、もうだめだ」と思った瞬間、ブクブクと容器の底へ沈んだ。

一方、カエルＤは必死だった。何としても助かりたかった。死んでたまるかと、無我夢中で手足を動かした結果、ミルクの池を攪拌していた。どれだけの時間、そうしていただろうか。ふと下を見ると、カエルＤはクリーム色の物体の上にちょこんと乗っていることに気づいた。彼は必死でミルクを攪拌したために、様態をバターに変えてしまったのだ。

このように、カエルＤは**最後まで望みを捨てず、そのときできる精一杯のことをすれば、なんとか道が開ける**ことを教えてくれた。私達は、４匹のカエルのうち、当然ＡやＤでなければならない。つまり**時代の変化に敏感であり、目標達成まで絶対に諦めないことだ。**

なお、読者諸君に一言。実際にこの実験を行って、不幸なカエルを増やさないでほしい。

成功へのワンポイントアドバイス

危機意識を持つこと、とにかく行動すること。

5 不平不満を言わない

「人はみな等しく、平等である」

この命題は、法の建前論や、人道的見地からすれば正しいかもしれないが、実際のところ誤りであるといえよう。残念なことに、**人は生まれたときから、いやもっと前の受胎のときから不平等なのである**。それは両親の社会的地位や、貧富の差、嫡出子か非嫡出子か、母親が健康体であるか病弱か、こういった子供を取り巻く環境をはじめとして、子の意思とは関係のないところで決められる。芥川龍之介の小説『河童』のように、子が自身で誕生を選択することができれば話は別だが、私たち人間社会は本人に責がないところで出自の環境は決定づけられるのである。

人は生まれたときからこんな具合だから、その後の人生においても不平等であることはいうまでもない。だからといって、不平不満ばかり言っていたのでは何の解決にもならないだろう。世の中には、自分の力ではなかなか思い通りにならないことが常だ。そのつど、自分以外の誰かのせいにして恨んでみたところで、そこから先何も生まれない。むしろ自分の不運を哀れめば哀れむほど、不幸のどん底へと転落を加速していくようなものだ。

ここで**大切なことは、世の中には不平等なことが数多く存在する事実を正しく認識すること。そして、勇気を持ってその事実と対峙することだ。**

不平等が常と思えば、不平不満など出るはずがない。不平不満のかわりに出すべきものは、どうすれば現況を打破できるのかの代替案である。

さて、**平等に関して社会に望むべきことは、機会の平等を保障することであり、必ずしも結果の平等を与えることではない。**なぜなら前者は人々に能力を発揮するためのチャンスを与えるが、後者はやってもやらなくても同じ結果を保障するため、人々の勤労意欲を削ぐことにつながりかねないからだ。**努力に見合った結果の不平等は、何人も甘受すべきなのである。**

完全な平等社会など、世界のどこを見渡してもあり得ない。それは、社会主義体制の崩壊という形で、歴史が明確に証明している。

成功へのワンポイントアドバイス

世の中には、不平等なことが数多く存在する事実を正しく認識すること。

⑥ 否定語を使わない

「先生。私は力一杯、一所懸命やっているのですが、力が及ばないのです。これ以上やっても無理です。もう限界です」

と言ったのは、孔子の愛弟子である冉求《ぜんきゅう》だった。

私たちも、ともすればこのような弱音を吐いてしまうことがある。「ダメだ」「私にはとてもできない」「もう限界だ」……。

しかし、**成功した人物たちはこのような否定語を使わない**。それというのも、できないと意識した時点で、本来は余力があったにせよ自分に限界を作ってしまったことになり、完全にできなくなってしまうからなのだ。

そこで、師である孔子は次の言葉を口にした。

「冉求、そうではない。真に力の足りない者ならば、一所懸命努力はしても、どうしても力及ばず、途中で力尽きて倒れてしまうものなのだ。しかし、お前の場合、自分はダメだと、最初から自分で自分に見切りをつけている。これでは目標を達成できるわけないではないか」（冉求を見つめる孔子の眼差しは、限りなく悲しかった）。

一見、厳しい言葉のように感じられるが、**苦悩というものはその人のレベルにあった内容であることを覚えていてほしい**。赤ん坊が、借金で悩むことはない。総理大臣でないあなたは外交問題で頭を悩ますこともない。つまり、それぞれの身の丈にあった障害、それが悩みの正体であるために、あなたはどのような手段を用いて、その障害を乗り越えるかを選択すればよいだけの話なのである。

孔子が冉求を諭したように、一所懸命努力をすれば大概の悩みは解決できる。最初から自分で自分に見切りをつけて、「力不足でした」などと、安易に夢をあきらめてはいけない。**そう、今あなたの目の前に立ちはだかる障害は、あなたが解決できるレベルの事案である。あなたに解決できないわけはない。できないという前に、いま一度一所懸命、その瞬間瞬間に、命をかけるつもりで問題に取り組んでほしい。**

私は、否定語を使う弟子や事務所の職員に対して、必ず一度はこの話をする。苦難に直面すると回避したくなるのは誰しも同じことだ。しかし、そこで、正面から立ち向かえるかどうかが、人間の成長過程におけるバロメーターであり、成功と失敗の岐路であるから、あえて叱咤激励するのである。

成功へのワンポイントアドバイス

今あなたの目の前に立ちはだかる障害は、あなたが解決できるレベルの事案である。

7 よい習慣の奴隷になる

知らないうちに、私たちは何かの奴隷になっていないだろうか？

一家の大黒柱である父親として、あなたは家族の生活費を稼ぐためにひたすら会社と家を往復し、また母親たるあなたは大切な家族が快適に過ごせるようにと日々家事に追われる。そして子供たちは、世間一般に名の通った良いとされる大学に入れるよう、その先の目的意識も持たず黙々と勉強する。

子供部屋を持つのが一般的になった住宅事情では、家族とは名ばかりの、実態は同居人の寄り合いで、お互いの生活に関心も薄い。日常にこれといった喜びも見出せず、皆半ばあきらめモードで、与えられた課題をこなすことだけに精を出す毎日。

このような状況では、父親は家族と仕事の、母親は家族の、そして子供は勉強の、奴隷と化しているといえよう（もっとも最近の母親は、仕事も両立させているが……）。

しかし、**私たちは奴隷ではない。また奴隷になってもいけない。目的意識を持ち、自助の精神を基調とした主体的な生き方をしなければ、本当の幸せを手に入れることはできないのだ。**

自分を犠牲にして人のために何かをするというのは、ちょっとした美談に聞こえるが、使命感に徹したよほど献身的な精神の持ち主でなければ、こうした行為はそう長続きしない。なぜなら「してやっている」という驕りがしだいに頭をもたげるようになり、相手に対して無制限の感謝を要求するのがおちだからだ。これでは、相手もたまったものではない。当然のことながら、感情の行き違いから衝突が起こり、悩み苦しんだ末に、健康障害を来たしたりもする。

一方、行為者が自発的に、したいことをさせてもらっていると考える習慣を身につけることができれば、相手に対して不当な見返りを期待しない。むしろ、その行為をすること自体に、感謝の念を抱くようになる。

どうせしなければならないことなら、このように考えて行動したほうが、するほうも、されるほうも、ともに素直で幸せな気分になれるだろう。

私たちは視点を変えることと、よい習慣を身につけることで、随分楽な生き方をすることができる。くれぐれも何かの奴隷になってはいけない。ただ一つ、「よいい習慣の奴隷」を除いては。

成功へのワンポイントアドバイス

私たちは奴隷ではない。ただ一つなってよい奴隷は、「よい習慣の奴隷」である。

8

細切れの時間を活用する

1日24時間を有効に過ごすためには、細切れの時間をどう活用するかが鍵になる。5分から15分といった、仕事や家事など、本来最優先しなければならない作業の合間に、ぽっかり空いてしまったわずかな時間。

たとえば、細切れの時間が10分前後、1日に少なくとも5回あるとしよう。合計すれば1日1時間ほどの時間を活用できる計算になる。1か月で30時間。1年間休むことなく続ければ、365時間が有効活用できる。

この点に着目し、皆さんの生活の中でも1日も早く習慣化されるよう願うばかりだ。特に、その時間を自己啓発に充ててもらいたい。1回はわずかな時間であっても、立派な仕事のためにそれを使えば、積もり積もって、気づいたときには大きな成果を形作っていることだろう。

成功者は、一般の人が何をするでもなく無為に消費してしまいがちな細切れの時間を、意識して有効活用する習慣を身に着けていた。

1805年にトラファルガー沖でナポレオン軍を敗るなど、18世紀の後半から19世紀初頭にかけて英国海軍にその名を馳せたネルソン提督は、「私が成功したのは、何事でも定刻の15分前から仕事を始めていたおかげだ」と語った。

さて、多忙を極める私にも大切な趣味がある。その趣味とは、読書である。

皆さんの中にはまとまった時間をとれないから、読書はできないとお考えの方もあろうが、残念ながらそれは大きな間違いである。なぜなら電車での移動時間、キャッシュコーナーでの順番待ち、顧客先との待ち合わせまでの時間といったわずかな時間でも、工夫次第で必ず空き時間は見つかるからだ。細切れの空き時間を活用すれば、あなたが考えている以上に数多くの本が読める。

失われた富は、その後あなたの反省と勤勉によって元通りになるかもしれない。失われた知識は地道な学習により、場合によっては従前以上の知識を身につけることができるかもしれない。また、不摂生による健康障害は、薬や医師の指示のもと、節度ある生活習慣を身につけることで、従前の健康体を取り戻せる可能性がある。しかし、**残念なことに、一度失われた「時間」はどのような手段を用いても再び手に入れることはできない**。

このことを肝に銘じて、私たちは謙虚に自分の生活を見直すべきだろう。

成功へのワンポイントアドバイス

失った富や知識は取り戻せても、一度失われた時間だけは絶対に取り戻せない。

9 草枕に想う

「山路を登りながら、こう考えた。

智に働けば角《かど》が立つ。情に棹《さお》差せば流される。意地を通せば窮屈だ。とかくに人の世は住みにくい。住みにくさが高じると安いところへ越したくなる。どこへ越しても住みにくいと悟った時、詩が生まれて、画《え》ができる。

人の世を作ったものは神でもなければ鬼でもない。やはり向こう三軒両隣にちらちらする唯の人である」

これは文豪、夏目漱石の作品、『草枕』の有名な出だしだ。やはり、名作とは趣があり奥が深い。私の人生も、思い当たる節の何と多いことか。

「人生の歩を進めながら、私はこう考えた。

業界の地位向上を説き、理論的な話をすれば仲間から煙たがられる。情熱的に、感情にまかせて突き進めば、当然周囲との温度差が生じ、一方摩擦も起きる。正義感に駆られ、考えを押し広めようにも、ごり押しでは良い考えも広がらない。ましてや、誰かがしなければならないことを誰もしないから、しかたなく自分がしたにもかかわらず、足を引っ張るものも少なくない。とかく、この人間社会は厄介なものだ」

だからといって、**今ここから逃げ出したところで、どこへ行っても安息の地を見つけることなどできはしない。**残りの人生をすべてかけて探したところで、けっして見つかるものではない。だとしたら、踏ん張るしかない。**どこへ行っても同じことなら、せっかく根付いたここで踏ん張るしかない。**踏ん張って、踏ん張って、踏ん張って、ようやく自己の明確なアイデンティティが確立するのだ。

今しみじみ振り返ってみれば、踏ん張って、踏ん張ったおかげで『ドキュメント社会保険労務士』をはじめとした数々の著書が生まれ、私塾の塾生が大きく育った。仮に私のまわりが順風満帆であったとしたならば、おそらく今の私はなかっただろう。

人生とは、このようなものだ。**試練が、自分をどんどん大きくする。悩み苦しむ中で、自己を成長させる。負け犬となり逃げ出してしまえば、また新たな地で一から始めなければならない。**

そして面白いことには、踏ん張っているとき、必ず援助の手を差し伸べてくれる人に出会う。それは、幸甚の極みである。

成功へのワンポイントアドバイス

踏ん張って、踏ん張って、自己のアイデンティティが確立する。

第7章

仕事で輝く

成功する条件の第一は、やる気であり、全力投球することである
もうひとつは、高い目標を設定することである
低い目標を設ければ、ほとんどの場合、大成功は望めない
大成功するためには、高い目標を設定し、
それに向かって、情熱を燃やしていくことである

① 仕事の要件

欧米的な労働観は、基本的に「労働＝苦役」であるという。これは旧約聖書に出てくるアダムとイブに由来しており、二人が禁断の実を口にして以降、男は「労働」女は「出産」の苦しみを強いられたという逸話からきている。だが勤勉な日本人の場合、「労働＝苦役」ではなく、生き甲斐を感じる人も少なくない。いずれにせよ、人は働かなければならない。それは、自分や家族の生活の糧を稼ぎ出す場であると同時に、社会への貢献の場でもある。さらに、自己鍛錬の場であり、自己表現の場でもある。

そこで私は、次の三つの基準で職業を選択するよう若い人に薦めている。

その一つ目。その**職業が好きであるということ**。「好きこそ物の上手なれ」といわれるように、好きだからこそ進んで工夫し、努力を惜しまない。結果として上達が早く、より一層その仕事が好きになるのである。

二つ目。最低、生活できるだけの、**労働の対価を得られること**。人は霞を食べて生きるわけには行かないので、当然これは外せない。

三つ目。**社会の役に立っていると実感でき、その職業に誇りを持てること。**この3つのうち、最後の基準が最も高次の決定要素であると私は思う。

今、あなたが携わる仕事を考えてみよう。以上三つの要素を一辺としてその充足度を長さで表わした場合、きれいで大きな正三角形が描けていれば、これほど幸せなことはない。しかし世の中、人は、三角形がいびつだったり、小さすぎたり、ひどい場合は形すら作れないでいる。

なおこの三角形は、外的要因によって形状が刻々と変化するという厄介な性質を持っているので、もとよりきれいでない者や、途中で変形した者は、より大きく美しい形になるよう、また初めからきれいな三角形であった者は今後もそれを維持できるよう、いずれの場合も自らの創意工夫が問われる。日々精進である。

さらに、転職を安易に考えるべきではない。なぜなら自分の自由意思でその職業を選択したのだから、多少の困難を回避していたのでは、何をやっても大成しないからだ。ただし、ある程度その仕事を極めたと感じたならば、新しいことにチャレンジすることも一考だろう。事実、家庭教師の「人に教える」という経験も、セールスマンの「人の気持ちを瞬時につかむ方法」も、損保会社の「押しの強さ」も、すべて私の血肉となっている。

成功へのワンポイントアドバイス

職業選択の3要素「好きであること」「稼げること」「誇りを持てること」。

②

好きな仕事で「過労死」しない

成功を味わうには、心身ともに健康でいなければ楽しくない。人は生きることが楽しく、幸せと感じられなければ、人生の醍醐味を味わったことにもならない。そのためには、日頃から健康に留意すべきである。

さて、寓話に「蟻とキリギリス」がある。

オーソドックスな内容はご存知のとおり、遊び人のキリギリスは、夏の間全く働かずに遊んでいたので、食べ物がなくなる冬に困り、コツコツと働いて食糧をためこんでいた蟻の世話になる話だ。ここには「地道な努力が一番大切」といった教訓が込められている。

それが近頃、別の結末を迎える話がある。蟻は働きすぎて、冬を迎える前に過労死してしまうといったものだ。ちゃっかり者のキリギリスは、蟻がためこんでおいた食糧を頂戴し、冬もまた楽しく遊んだということです……とまあ、何ともやるせない結末である。

ここで考えなければならないことは、キリギリスのずうずうしさよりも、むしろ蟻の働き方にある。海外には「過労死」などなく、KAROSHIがそのままあちらの言葉で使われるというが、**そもそも仕事が楽しいと心から感じていたならば、死に至ることはない**だろう。単なる労働時間の長さだけで過労死になるのならば、私などはもうとっくに過労死していてよいはずである。ここ数十年、完全にオフの日はまったくなかったし、月に数回しか帰宅できない食卓でも、仕事関係の本に目を通さないことはない。就寝していても、仕事のことで気になることがあると、そのまま朝までまんじりともしないでいることがある。

それでも、こうして一応元気にやっている。もちろん仕事だから、悩みや苦しみはあるが、私は講演したり執筆する仕事が好きで、それらに生き甲斐を感じているから、ここまでやってこられたのだと思う。

人生は自分で知らないうちに少しずつ悪くなっていき、どん底まで落ちたところでようやくそのことに気づく。飲酒、喫煙、食生活、そしてワーカーホリックに至るまで、すべてこの過程をたどる。だが、**変えると決心すれば、その瞬間から人生の方向は変えられる。**そして、変化はその瞬間から始まる。決定に遅いことなどない。今すぐ決断しよう。

成功へのワンポイントアドバイス

人生は知らないうちに少しずつ悪くなるが、状況は一瞬の決心で変えられる。

3 難しい仕事に飛び込む

「艱難汝を玉にする」というように、人は多くの苦難や苦労を経験することによって、立派な人物となる。だから私は、難しい道と簡単な道があれば、あえて難しい道を選ぶように心がけて人生を歩んできた。

もちろん、その道が難しければ難しいほど多くの苦労を伴ったが、それを乗り越えてきた体験が、現在の私の血肉となっているのも確かだ。

そうした経験から一言言わせてもらえば、一見難しそうな事案だと身構えてはみたものの、その実、思っていたほど難しい課題ではなかったというが少なくなかった。そこで学んだことは、まずは相手の懐に飛び込んでみることが大切であるということ。案ずるより生むが易しであった。

哲学者のアランは、数多くの心強い言葉を私たちに残してくれているが、その一つに、成功するためには不可欠な、目標と行動の関係を現したものがある。

「誰でも求めるものは得られる。そして欲しいものはすべて山と同じようなもので、私たちを待っており、逃げていきはしない。だが、それゆえよじ登らなければならない（『幸福論』野心家への演説)』

私たち人間には、欲しいものがたくさんある。「金」「名誉」「心安らぐ家庭」などなど。とりもなおさず、こうした欲しいものの対象とは、私たちにとって目標である。その目標は、登山家が山へ登ろうとするのと同じではないか。

山は、登山家から逃げていくだろうか？　そんな山はない。では、登山家が進むたびに後ずさりする山はあるか？　これもない。だからといって、こちらのほうへ進んでくる山はあるか？　もちろん、こうした妙な山もない。

ただ、山はあなたが近づいてくれることをじっと待っている。それゆえ私たちは意を決して、山へ向かい、これによじ登らなければならない。

アランは、あなたがこれからやろうとすることを、実行に移せと激励している。頭のいい人間に限って、やりもしないうちから「そんなことは不可能だよ」とか「とてもできないことだよ」と、まず頭で考えて物事を決めてかかる。だが実際は、何事もできるかできないかはやってみないとわからない。ただ考えているだけでは、山に登るどころか、その山に近づくことすらできないだろう。

成功へのワンポイントアドバイス

まずは相手の懐に飛び込め。行動！　行動！　行動！　案ずるより生むが易し。

4 「自分の代わりは誰にもできない仕事」をする

戦後ながきに渡り、終身雇用や年功序列といった日本的な労働慣行が行われてきたが、21世紀を迎えた現在、こうした慣行が崩れつつある。

大企業といえどもいつ倒産するかわからないし、中高年はいつリストラされるかわからない。こうした社会情勢の中で、私たちは人に指示された仕事を忠実にこなすだけでは、組織人として生き残れなくなってきた。今後は**「自分の代わりは誰にもできない仕事」をする**ことに専心すべきだろう。

熾烈な企業間競争の中で、会社は社員に即戦力を求めるようになった。そして、これまでのように従順で、どこを切っても同じ顔の金太郎飴的な社員を望まなくなり、得意分野を持つ精鋭部隊こそが戦力と気づき始めたのだ。

元アサヒビール会長樋口廣太郎は、それを名づけて**「桃太郎軍団」**と呼んだ。陸を得意とする「犬」に、空を得意とする「キジ」、さらには木の上が得意な「猿」と、総司令官たる「桃太郎」の豪華キャスト。これらのキャストが勢ぞろいし、**それぞれの分野で力を出しあって、はじめて組織の機動力が余すことなく発揮されるというもの**なのだ。

またこうしたオンリーワンを論じるとき、中小零細企業の職人技を忘れてはならない。高度成長期には大企業の躍進が脚光を浴びたが、その実、陰で日本経済の繁栄を支え続けたのは、ほかでもない彼らなのだ。会社の規模を侮ることなかれ、その技術の高さが、世界の一流どころから正当に評価されている。

たとえば岡山県の里庄町にある従業員250人ほどの安田工業株式会社は、工作機械の性能のよさがイタリア・フェラーリ社に認められた。同社の工場では、自動車の心臓部である精密機械を加工するラインに、安田工業の製品がズラリと並べられているという。また、NASA（アメリカ航空宇宙局）で使用されたスペースシャトル搭載用のモニターカメラは、東京三鷹にある従業員30名ほどの町工場「三鷹光器」が開発製造したものだったという。

このように**他が真似できないオンリーワンの仕事をしていれば、リストラや倒産になどおびえることはない**。

仕事とは、給料をもらいながらその道の勉強をさせてもらえる、最良の学校である。たゆまぬ自己研鑽を心がけたい。

成功へのワンポイントアドバイス

仕事とは、給料をもらいながら勉強できる、最良の学校である。

5 優先順位を決める

私たち現代人は何かと忙しい。かくいう私もそうだ。事務所の経営者であり、私塾の主宰者であり、年間200回近い講演をこなし、年数冊の執筆も行う、といった生活を数十年続けてきた。さすがにコロナ禍の今は、対面式のセミナーが行えない。まわりからは「いつ寝ているのか」との質問も受けるが、それなりになんとか日々すごしている。

ところで皆さんは、人に仕事を依頼するとき、忙しそうな人と暇な人とではどちらにお願いするだろうか。

私は暇な人より忙しい人を選ぶ。それは一見、暇な人のほうが依頼したことをしっかりやりそうに思えるが、その実、忙しい人のほうが確実な仕事をすることが多いからだ。不思議なことに、忙しい人は忙しいながらも上手に時間をやりくりして、何やかやと言いながらも仕事をやり遂げてしまうものなのである。また、このような人は最後まで責任を持って仕事をするので、周りの人からは信頼を集め、必然的に仕事の依頼が増えるのだ。さらに、忙しい人はあれこれと知恵を絞って算段をするようになるから、仕事のやり方にますます磨きがかかり、比例して収入も増す。

ここで**考えなければならないのは、忙しさの中身**である。前述した時間の使い方の達人は、本当に忙しい部類の人間に属する。しかし、少なからずの人の場合は、仕事の内容自体が忙しいわけではない。

それでは何が忙しいのかといえば、仕事に取り掛かる以前の段取りが悪かったため、通常処理できる時間内に終わらなかった残りの仕事が、次にすべき仕事の時間にまで食い込んでしまい、結果としてそれが忙しいと感じるだけなのである。

最初に仕事の内容を確認し、手がける優先順位をつけなければ、スムーズにことは進まない。段取りよくやらなかった人は、どんどん「忙しく」なる。

もちろん、この「忙しい」の中身は、無駄な作業が多くなっただけのことであり、段取りよくやった人に比べてなんら成果が上がったわけではない。たしかに計画を立てることは、すぐ作業にとりかかるよりスタートは遅れる。だが方針を定めずスタートし、失敗してやりなおすよりは、確実に早くゴールできるはずだ。つまり、段取りを考えることは「急がば回れ」ということになる。

優先順位をつける、こうすることで時間の使い方に、余裕を持たせよう。

成功へのワンポイントアドバイス

仕事を依頼するときは、忙しい人に頼め。

6 商売の基本はギブアンドテイク

商売は、バランスである。つまり、ギブアンドテイク、商品なりサービスなりを提供して、それに対する「相応の対価」を受けなければ、商売は成り立たない。その際、**売る側は常に顧客ニーズを考え、顧客の満足するサービスの提供を心がけなければならない**。

サービスとは何か？

一般に、物の値段を安くしたり何かおまけをつけることがサービスと思われていた時期が長かった。しかし、巷に物があふれる現代に求められるサービスとは、確実に量から質へと変わってきた。つまり、客が困っているときに、最も望んでいる良質のサービスを、迅速に提供することが要求されるのだ。

ここに、長年商売をしていても、一向に儲からない人がいたとしよう。それについて、店舗が町外れにあるとか、近所に同じような店があるとか、さまざまな理由が考えられるとは思うが、確実に言えることが一つある。それは、その人に商売をする価値がないということだ。

世の中には、その人が値するだけのものを、その人に支払っているという法則があり、儲からないということは、すなわち価値がないということになる。そう、店が繁盛せず、いつまでたっても金持ちになれない原因は、その人自身の中にあるのだ。

それは、運が悪いからではない。はっきりいえば、人々に求められていないからなのである。**世の中から求められる人材になれば、人々はそれに見合った相応の金を支払うようになる。**つまり、人々がテイクしたい商品を、ギブすればよいだけのことなのである。

また、価格については安易に安売りをせず「正当な価格」を設定すべきである。これに関して、かの有名なミケランジェロには次のような話が残っている。

ミケランジェロは貴族から依頼された胸像を、10日で作製し、金貨50枚を請求した。もちろん貴族は、「たかが10日で仕上げた作品なのに法外な値段だ」と抗議した。それに対して、偉大な芸術家はきっぱりこう言い切った。

「10日で胸像を仕上げることができるようになるまでに、私は30年間の修行を積んできたのですよ。これをお忘れになっては困ります」

成功へのワンポイントアドバイス

世の中から必要とされる価値ある人間になれば、金持ちになれる。

7 「商い」は「飽きない」、そして「空ない」

商売として成功するには客のニーズを把握し、いかにハートをつかむかが鍵となる。そして**「商い」は、エンドレスの差別化をいかに「飽きない」でやっていくかという一言に尽きる**。私は年中無休体制で仕事をすることが差別化の一つであるという信条を持っている。

しかし、いくら理想は高くとも、同じ仕事だけに専心していると限界がある。そこで、あるきっかけから**「飽きない」は「空ない」なのではないか**と考えるようになった。

これは人口2〜3万人ほどの地方都市で、電気屋を営む社長との会話である。驚くことに、その社長が経営する電気屋の売上が全国ベスト10に入るというのだ。全国展開の大型電気店ならいざ知らず、小さな町の電気屋がベスト10に入るとは、眼を見張るものがある。私はすかさずその理由を尋ねた。

社長の談によれば、車を修理に出したことがきっかけだったという。一般に車の修理や車検時に貸し出される代車は、走行距離がだいぶいった自分の車と同程度の、オンボロ車と相場は決まっている。ところが、社長にあてがわれた代車は、修理に出した車よりワンランク上の比較的新しい高級車だった。

2週間の修理期間、毎日この車を利用した社長はその性能に魅了されてしまった。車体が大きい、無理なくスピードが出る、シートが豪華でなんといっても乗り心地がいい。愛車が戻ってきたとき、代車を手放したくなくなっていた。

修理が終わった車を、納めに来た修理屋（ディーラーも兼ねる）が社長に訊いた。

「代車の乗り心地はいかがでしたか？」

「この車に買い換えるよ」

迷わず社長が答える。通常と違う方法で、客の購買意欲をそそる。これが「空き」だ。

この経験を踏まえ、社長は自社のテリトリー2〜3キロ圏内にチラシをバラ撒いた。その内容は「家電製品修理無料。ただし部品代だけ、実費としていただきます」というもの。店から2〜3キロ圏内ゆえ、客の依頼に対して迅速に対応できる。その際、修理する対象物の代替品を貸し出すのである。たとえばテレビの修理ならば、大画面で最新式のものをといった具合に。客の反応はもちろん社長のときと同様だった。

この社長の成功例に限らず、「空き」は身近にいくらでもある。「空き」を「空き」として識別できる感性を育みたい。

成功へのワンポイントアドバイス

年中無休体制で仕事をすることが差別化の一つである。「空き」を見つけよ！

8

批判は大いにすべき

日本人は、ディベートが苦手だ。欧米のように、学校でディベートに取り組むところもまだ少なく、感情を交えず知的な議論をすることに慣れていないのである。だから、会議で激論を交わすと感情のしこりや禍根を残し、その他の業務に支障をきたしてしまうことすらある。

言いたいことも言えない、それでは業務の改善につながらないし、よい仕事はできない。忌憚ない意見を述べて、論理的にかつ冷静に話し合い、分析し、目標に対してより多くの策をひねり出すところに会議の意義がある。もちろん、体制に対する批判は大いにすべきだ。それだけ、真剣に仕事の問題点を考えている証にもなる。

ただしこの場合、一つだけ約束しなければならないことがある。それは、代替案を提示するということである。その代替案は、数が多ければ多いほうがよい。それらがない批判は、無責任で身勝手な暴言に過ぎない。無責任な批評家は、社会でもっとも忌み嫌われるべき存在である。

さて、経営の基本はマネジメントサイクルだといわれる。

Plan（計画）、Do（実行）、Check（評価）、Action（改善）。フィードバック、Plan（計画）、Do（実行）、Check（評価）、Action（改善）。

まずは目標を設定し、次いでそれに基づいた企業努力を行い、最後にその結果を総体的に評価し改善する。**評価し改善をすれば、当然反省が生まれる。今度はその反省を活かし、修正を加えた立案に基づいて、新たな企業努力が行われ、再度評価し改善する。**それでも目標に到達していなければ、再び計画しなおし、実行し、評価し、改善する。これを何度も繰り返していくことにより、企業は健全な発展を遂げていくのである。

「成功の法則」についても、これと同じことがいえるだろう。

まずは、大きな目標達成の足がかりとなる、比較的簡単に達成可能な小さな目標を設定する。**Plan（目標設定）、Do（目標を達成するための努力＝行動）、Check（評価・満足感、充足感を持つこと）、Action（改善すること）。**次に、それより高次のPlan、Do、Check、Actionを行い、何度もこれを繰り返し、最終的には大きな成功の達成者となる。現状はどうであるか。問題点はどこにあるか。改善策はどうすればよいのか？　仕事や成功において、この思考回路が欠かせない。

成功へのワンポイントアドバイス

代替案のない批判は、批判とはいわない。無責任で身勝手な暴言に過ぎない。

9 人を結ぶ糸偏の不思議

その日、私は原稿の執筆に疲れ、書斎にあった漢和辞典を何気なく手に取った。偶然開いたところは**「糸偏」**。絹、綿、縄、線、縦、縫などなど。あるわ、あるわ、糸偏ばかり50文字以上。そこで面白いことを発見した。糸偏の漢字には織物に関係する文字だけではなく、人間関係の結びつき、とりわけ商売に関する漢字が多く存在するのである。

まず人と人は**「縁」**によって**「結」**ばれる。縁結びの神様によって結び付けられるのは**「結婚」**。しかし商売人と客は結婚という形態は取らないので、客を**「紹介」**するにとどめよう。お客を紹介されたら、紹介された客と共に、紹介してくれた人を大切にしなければならない。まかり間違って、紹介者の悪口を言ったらあなたはひどい目にあうことになる。なぜなら、**「紹」**の文字を分解してみるといい。糸偏を除くとそこには**「刀」**と**「口」**が残る。悪口を言うと上から「刀」が落ちてくることになるのだ。

客を紹介された後、商談が進めば**「契約」**をする。**「約」**は糸で縛るという意味が含まれており、まとめるの意味にも用いる。

次に、契約が整えば品物を**「納品」**する。そして、その商品に客が**「納得」**すれば、**「紙幣」**を払う。商店の取引ならば**「約束手形」**が発行される。

商売とは需要と**「供給」**の原則に立ち、商人は良質なサービスを提供する義務がある。このように取引が、**「反復継続」**して事業が拡大していくと、今度は**「会社組織」**が必要になる。組織の運営に**「経営」**は欠かせない。順風満帆にことが進めば、その会社は**「繁盛」**する。また、会社が常に繁盛するためには、様々な情報を収集し、経営戦略を**「練らなければ」**ならない。

しかし周りに気遣いせず、自社だけの利潤を追求して行過ぎた行動が目立つようになると、そのうちしっぺ返しを食うこととなる。あくまで商売は**「紳士的に」**やっていくよう心がけなければならない。

これを怠ると、ゆくゆくは事業を**「縮小」**しなければならない羽目に陥る。その後、得意先との取引に**「終わり」**を迎えないようにしたいものである。

このように、商売とは目に見えない糸で結ばれているのだと納得した。

成功へのワンポイントアドバイス

紹介者の悪口を言ったら、あなたはひどい目にあう。

第8章

人生で輝く

機会を逃すな！　人生はすべて機会である
一番先に行く者はやる気があり、
思い切って実行する人間である
「安全第一」を守っていては、
あまり遠くへボートを出せない
（カーネギー）

1

人の役に立てる喜び

人は、どのような目的をもって生まれてきたのだろうか。その答えは人それぞれではあると思うが、私は迷わずこう答える。「他人を幸せにするために」であると。

その点からいって、孟子の性善説には大いに賛成である。性善説、それは「人間の本性は善である」とするものだ。これを説得する際に、孟子は非常に有名な例えをしている。それは以下のようなものだ。

「よちよち歩きの赤子が、井戸に落ちようとするのを見たならば、誰でも走って行って、救おうとするだろう。これは、自分が危ない赤子を救ったという名誉を得たという考えからではないし、これを機会に赤子の父母と交際を求めようという考えでもない。また、他人から救わなかったことを非難されるのを心配してからでもない。では、どのような心理状態から赤子を救ったのかといえば、人が誰でも持っている真心であり、自然と無意識のうちに突き動かされたにすぎないのである」(孟子と弟子の問答集の第三巻『公孫丑章句』)

この性善説は、**「人間の本性は『善』であって、悪は善なる性質が物欲によって隠しおおわれるところから生ずる」**と孟子が最初に唱えた説だ。

さて、これに似たもので次のような話がある。

若い女性が、仕事にも恋愛にも行き詰まり、橋の欄干から、水面に身を投げた。たまたまそこを通りかかった男性が助けようと、われを忘れて女性の後に続いて川に飛び込んだ。しかし不幸なことに、男性は、泳ぎがまるでカナヅチだったので、あっという間に沈んでいったのである。これに気づいた先の女性は、自分が入水自殺を図ったことすら忘れ、必死にこの男性を抱えて下流の岸に泳ぎついた。こうして女性も男性も一命を取り留めたのである。その日を境に、女性は考えを改めたという。絶望の淵にあった自分でも、人の役に立てることがあるのだから、これができる間は精一杯生きなければならないと。男性の捨て身の救出は、彼女の体のみならず、心までも生き返らせた。それにしても、彼女は泳ぎがカナヅチでなくてよかった。

私たちは、自分のしたことが周りの人に喜んでもらえれば自分も嬉しくなる。**人は周囲の人の笑顔を見るために、人を幸せにするために生まれてきたのだ。**

親の笑顔を引き出そうと、よちよち歩きだった娘達が愛らしい仕種を何度も繰り返した鮮明な記憶が、この話題と妙に重なり、暖かい気持ちになる。

成功へのワンポイントアドバイス
人の役に立てる間は、精一杯生きなければならない。

② 人の心に残るもの

「一生を終えて後に残るのは、われわれが集めたものではなく、われわれが与えたものである」「あくせくして集めた金や財産は、誰の心にも残らない。しかし隠れた施し、真実の忠告、暖かい励ましの言葉などはいつまでも残る」

これは、三浦綾子の『続氷点』で、ジェラール・シャンドリの言葉をモチーフにして、主人公父娘が語るシーンである。

実に、感動に値する内容である。この言葉は、地位や肩書き、おまけに蓄財といった世俗の人間が競って手に入れようとするものは、人の一生を評価するうえで、何の価値もないことを教えてくれる。くわえて人の真価は、その人が行ってきた心温まる善行の積み重ねによるところが大きいことも示唆している。こうした人間的な優しさが心の琴線に触れ、いつまでも語り継がれる人となる。

同様に、**正しい志や行動は、時代を超えて受け継がれるものである。たとえ、今は自分が望む評価を受けられなくても、後世で必ず花開くもの**なのである。したがって、周りの目を気にして、認知されないことをあせってはいけない。腐ってもいけない。先駆者はいつの世も、手痛い洗礼を受けるものだと認める勇気を持つべきだ。

モモ、クリ３年、柿８年、わたしゃコツコツ30年。それでもなかなか実がならなぬ。コツコツコツコツもう10年。それでもだめならあと10年。命の限り続けてりゃ、そのうち何とかなるはずさ。

ここで、前途はるかなるものを思い、打ちひしがれるたびにいつも私を励ましてくれる言葉を認《したた》めよう。

「深く毅然として、誠実であれ、君がたの信ずる処がたとえ世間一般の慣用の理念と正反対であるのが見出される時といえども、その発言を躊躇してはならない。恐らく先ず最初は君がたは理解されぬであろう。だが、遠からずして終わるであろう。やがて味方が君がたの許に訪ねてくる。何故なら一人の人間にとって深い真実であるものは万人にとっても真実だからである」（『ロダンの言葉』より）

成功へのワンポイントアドバイス

正しい志や行動は、時代を超えて受け継がれるものである。

3 出会いを大切にする

人間は、**いつ、どこで、誰と、どのようにして出会ったかによって、しばしばその人の一生を大きく左右する**ものである。

たとえば、三重苦のヘレン・ケラーは、アン・サリヴァンと出会うことによって、自らの苦しみを乗り越えたばかりか、世界中の人々の道を照らす松明《たいまつ》となり、希望を失いかけていた人たちに絶大な影響を与えた。

豊臣秀吉も、信長と出会ったことによって、一介の農民から天下人にのぼりつめた。

こうした歴史上の人物のみならず、あなた自身の人生を振り返ってみても、人生の方向付けに少なからぬ影響力を行使した人物に思い当たることと思う。

私は、人との出会いをいつも**「一期一会」**の精神で大切にしている。

この一期一会とは「茶会に臨むときは、その機会を一生に一度のものと心得て主客ともに互いに誠意を尽くせ」とした茶会の心得から来ているものだ。その語源は、千利休の弟子・山上宗二《やまのうえのそうじ》の言葉「一期に一度の会」に基づくといわれている。

このように、一生(一期)に一度の出会い(一会)を大切にすることで、あなたの世界がどんどん広がっていくのである。

さて、出会いを語るとき、**「ジラードの法則」**を欠かすことはできないだろう。アメリカの自動車販売の営業マン、Ｊ・ジラードは何と１９６６年から12年間に、１万３０００台もの新車を販売したという。**彼の法則によれば、一人の人間の背景には、大体２５０人ほどの知人がいるといわれている。**

一方、日本の場合は、一昔前、結婚式場は70人用の会場が一番利用されたそうだが、そうすると新郎新婦それぞれ一人につき、35人ぐらいの親しい人がいることになる。その中には、さまざまな年齢の人がおり、多種多様な経歴を持った職業人がいるであろう。つまり、一期一会の精神で出会いを大切にしていれば、あなたは一人と出会うごとに、単純計算で35人の協力者を得ることになるのである。

そこでお勧めするのが次の**三マメ**である。

足をマメに動かし相手を訪問し、あるいは相手のために行動し、口をマメに動かしてコミュニケーションをとる。そして手をマメに動かして手紙を書くといった、可能な限り一期一会の機会を作れば、人脈は自然と広がるのである。

成功へのワンポイントアドバイス

「足マメ」、「口マメ」、「手マメ」、三マメの勧め。

4 笑顔で過ごすこと

笑顔で接することは実に気持ちが良い。場の雰囲気が和むことはいうまでもない。この**笑顔で接するということが、仏教の布施にあたる**というから面白い。

葬祭にあたり、私たちは寺に対してお布施を包むが、これはお礼のみならず貪欲の心を謹み、人に財を与え、完全な恵みを施すことを意味する。だが、布施の内容は、何も金品だけに限らない。『雑宝蔵経《ぞうほうぞうきょう》』という経典のなかには、無財の七施《しちせ》が出てくる。それは次の七つだ。

①眼施《げんせ》［慈眼施］……温かい、優しいまなざしで人に接すること
②**和顔悦色施《わげんえつじきせ》［和顔施］……和やかな、微笑みのある顔つきで接すること**
③言辞施《ごんじせ》［愛語施］……思いやりのこもった温かいことばをかけること
④身施《しんせ》……礼儀正しい振る舞いや、身をもって奉仕を行うこと
⑤心施《しんせ》……心のこもった思いやりの心で接すること
⑥床座施《しょうざせ》……寝床や座席を提供すること
⑦房舎施《ぼうじゃせ》……気持ちよいもてなしをすること

どれ一つとっても、日常生活において、心がけ次第で簡単にできる内容ばかりである。そして是非とも、実践しなければならないことばかりである。

このうち、ここでは笑顔について触れてみたい。

女性の蔑称として「ブス」という言葉があるが、ブスとは見目形《みめかたち》が醜い女性のことではない。本当は「附子《ぶす》」である。太郎冠者と次郎冠者の二人が主人公の狂言にも、「附子」という演目がある。この附子とは猛毒「トリカブト」の根を干したもので、漢方で処方されるもの。これが身体に回ってしまうとどうにも苦しく、笑顔どころではなくなり、最悪死に至る。そこで、笑顔が作れなくなって、いつもブスブス周りに毒を振りまく人のことを「ブス」というのだ。

また、大手ハンバーガーチェーンのマクドナルドでは、かつてメニューの最後に**「スマイル0円」**と書かれた表示がされていたが、気づかれただろうか？　急成長した会社の方針の裏に、笑顔が隠されていた。

笑顔は、誰にでもできる。それを証拠に、**赤ん坊でさえ愛くるしい笑顔をうかべ、生まれながらにして布施行を行っている**のだから。

成功へのワンポイントアドバイス

［和顔施］……和やかな、微笑みのある顔つきで接すること。

5 感謝すること

月並みな言葉ではあるが、感謝することは非常に大切なことである。自然の恵みに対して、親に対して、家族をはじめとする隣人に対して、健康に対して、今こうして生きていることに対して……。数え上げたらきりがない。

普段何気なしに使っている言葉の中にも、感謝の気持ちを込めて心から言わなければならない言葉がある。

たとえば、食事の前の「いただきます」。これは単なる挨拶ではない。食物に対して「お命頂戴いたします。いただきます」ということなのである。肉魚のみならず、野菜も含め、私たちが口にするものは、すべて他の生物の命を奪って、食物になってもらっているのである。したがって、「いただきます」「いただきました」は、ことさら感謝の意を込めていわなければならない言葉だ。

また、「ありがとう」もしかりである。**本当なら、してもらえないこと、当然には有難いことをしていただいたのだから、「有難う」なのである。**これも心から感謝しなければならない。

だが、人間とはわがままで傲慢な部分を兼ね備えた動物である。今ある幸せの数を数えるより、ついついないものの数を数えてしまうのだ。足り無いものを数え上げて嘆き悲しむより、**今あるものに感謝したほうが、幸せで豊かな気持ちになれることはいうまでもない。**

また、人は恩を忘れてしまうことが多い。自分のしてあげたことは相手が忘れた後もずっと覚えているのに、してもらった恩はあっさり忘れてしまう。これでは、「３日飼えば恩を忘れない」という犬にも劣るではないか。今、現在の自分があるのはあなたの努力が大きいものの、有形無形、周りの人からの助けがあったからだということを、覚えていて欲しい。「おかげさま」なのである。

「おかげさま」……この言葉も最近ではとんと耳にする機会が減った。昔は「病気が治ってよかったね」とか、「合格してよかったね」などと、他人から喜びを分かつ言葉を掛けられたとき、自然に口をついて出た言葉である。別にその人が取り立てて何かしてくれたわけではないが、周り回った縁で、喜びを手にすることができたとする万物に感謝の気持ちを現わす言葉なのである。**世の中は持ちつ持たれつ、だから日々の生活に感謝、感謝。**

生きることは、同時に周りの援助で生かされていることと理解してほしい。

成功へのワンポイントアドバイス

足りないものを数えるより、今あるものに感謝すれば幸せな気持ちになれる。

6 金持ちになろう

金持ちになることは、よいことである。何をするにも、金がなければ始まらない。貧すれば鈍する。つまり貧しくなると、生活の苦労で頭の働きが鈍り、判断力も弱まって、品性までが卑しくなりがちだ。

貧乏になると、人に対して影響力も行使できない。なぜなら**「貧」の字を分解すると、人に負けると書く**。ここからも金を持ち、心にゆとりを持つことの大切さがわかる。

しかし、私はここで金を愛することを勧めているのではない。金が最終目標の守銭奴になってしまったら、その人の人生は不幸そのものだ。その生涯は金を死守することに神経をすり減らされ、一時の安息もないだろう。

そうではあるものの、何も金そのものが悪いわけではない。問題があるとするならば、金を得た人の使い方によしあしがある。したがって**金を幸福の道具にするのも、悪の道具に貶めるのも、その金を使う人の心の問題**なのである。

明治の文豪、幸田露伴が著した『**努力論**』に、人生に幸福をもたらすための三つの秘訣が書かれている。その三つとは、**「惜福」**、**「分福」**、**「植福」**だ。

最初の「惜福」とは自分に与えられた福を使い尽くさず、いま自分が必要な分だけを使い、後は残しておくようにすること。次に「分福」とは、自分に巡ってきた福を一人占めせず、一部を人に分け与えることである。そして最後の「植福」とは、たとえ自分自身がその恩恵を受けることがなくても後世のため、将来の緑化を視野に植樹するなど、福を生み出す元となる善行をすることである。

さて、ここで、傾きかけた石川島播磨重工業や東芝を次々に再建し「再建社長」との異名をとり、経団連会長、臨時行政調査会会長を務めた経済界の大物、土光敏夫の徹底した「分福」ぶりを紹介したい。

氏の経団連名誉会長当時の年収が５１００万円。子女教育発展のため、橘学園という学校へ毎年多額の寄付をしていたが、それが３５００万円。所得税、社会保険料などを差し引くと、土光氏の手元には年１００万円程度しか残らなかったという。

ということは、経団連の名誉会長ともあろう人が、月額８万円程度で生活をしていたのだ。夕食のおかずは、メザシ一匹に梅干、キャベツの一番外側の葉、大根の葉っぱ。ついたあだ名が「メザシの土光さん」だったそうだ。

成功へのワンポイントアドバイス

人生に幸福をもたらすための三つの秘訣。それは「惜福」、「分福」、「植福」。

7 金は上手に使ってはじめて生きる

イソップ物語に面白い話がある。

「あるけちん坊の人が、自分の全財産を金に換え、その金塊を庭に隠しておきました。そして毎日掘り起こしては、一人眺めて喜んでいました。

あるとき、こともあろうにこのけちん坊のしていることを子細に見てしまった通りすがりの商人が、金塊をこっそり掘り起こして持ち去ってしまったのです。そのあと、けちん坊が庭へ行き、いつものように金塊を掘ってみると、もちろんすっかり空っぽになっていました。これを見たとき、けちん坊は髪を振り乱し、半狂乱になって泣きわめいたのです。

そこで、この様子を見るに見かねた近所の人は、こう言ってけちん坊を慰めました。

『ねえ、けちん坊さんよ。そんなに力を落とすことはないでしょう。最初から、あなたは金を持っているといっても、持っていなかったのと同じだったんですよ。ですから、金の代わりに石を拾ってきて、同じところに埋めなさい。それで金が埋まっていると思えばいい。だって本当に金があったときでも、あなたはそれを利用していなかったのですからね』」

この物語は、**どんなに優れたものを持っていても、それを活用しなければ何の役にも立**

たないことを教えてくれる。

金を蓄えることは、病気になったときなどの不慮の支出に備え、ある程度は必要である。しかし、過度に多くの蓄えをすることはない。また、金があるからと高価なもので身を飾り、生活を派手にする必要もない。むしろそれより、金を生かす方法を考えるべきだ。たとえば、社会貢献につながるような団体を立ち上げる軍資金にするとか、崇高な理念を実践している福祉団体に寄付をするとか、また昔の篤志家のように若く有望な人材に対して学資を援助するとか、考えれば生きた金の使い道はいくらでもあるだろう。なかでも最も手っ取り早くできる方法は、自己啓発に役立てることではないだろうか。

ただし、**簿記やパソコン、宅建や社労士、中小企業診断士に行政書士、いくらたくさんの資格を取ったとしても、それを使わなかったら、先のけちん坊の金塊と同じで、「資格」は「死格」となってしまう。**

あなたの能力を、さまざまな分野で最大限に活用しよう。

成功へのワンポイントアドバイス

活用しない金塊は、そこらに落ちているただの石ころと同じ値打ちしかない。

8 金と名誉は後からついてくるもの

アメリカの心理学者アブラハム・マズローによれば、人間の欲求の段階は、下から**「生理的欲求」「安全の欲求」「親和の欲求」「自我の欲求」「自己実現」**の5段階のピラミッドのようになっており、底辺から始まって一段階目の欲求が満たされると、その一段階上の欲求を求めるとしている。「生理的欲求」とは衣食住の部分を満足させたい原始的な欲求であり、次の「安全の欲求」は安全に暮らしたいとする安定志向の欲求、そして「親和の欲求」とは、他人と関りたいなどの集団帰属の欲求であり、さらに「自我の欲求」とは、自分が集団から尊敬されることを求める認知欲求とされ、最後の「自己実現の欲求」とは、自分の能力や可能性を最大限発揮し、創造的な活動や自己の成長を求める欲求のことである。そして、自己実現を果たした人たち、つまり成功者は自己超越の域に達する。

さて、人間には誰しも名誉や財産を手に入れたいとする欲望が存在する。

名誉欲、それは周囲から承認されたいという自我の欲求、すなわち自分が集団から価値ある存在と認められ尊敬されることを求める認知欲求であり、先のマズローの欲求説でいえば、最高位である自己実現の欲求に次いで高位に位置する。また、財産欲も、人よりよい生活をすることによって、周囲から承認されたい欲求であるから、名誉欲同様、認知欲求に含められるだろう。

こうした欲があるからこそ、がんばって仕事をしようという動機付けになるのだから、あながち悪いとは言い切れない。しかし、「自己実現の欲求」のステップに達したこれから偉業をなす人たちは、あえてこれを求めない。

それはなぜか？　彼らは、金や名誉が後からついてくることを知っていたからだ。それというのも、マズローの欲求説での各ステップは、その下の段階の欲求はすべて満たされたうえで、現在のステップがあるとしている。つまり「自己実現の欲求」を達成した成功者＝偉人は、その下の段階である「自我の欲求」＝認知欲求は当然満たされており、名誉も財産も満足している状態にあるのだ。むろん、彼らの周りには多くの人々が集まり、また日々の生活に困ることはない。

こう考えていくと、**名誉や財産を目標にして、その段階で満足している人に成功者はいないことになる。どうせ目指すなら、自己実現だ。**そうすれば自然と金や名誉が後から自然とついてくる。

成功へのワンポイントアドバイス

金や名誉は、自己実現を果たした先のおまけである。

9

ユーモアのセンスを磨く

人間関係を円滑にするためには、談笑、つまり語らいに洒落たウィットが欠かせない。

欧米の映画などを見ていると、日常の会話にはごくあたりまえにこのウイットが登場するし、政府の高官が公式会見や、国際会議の場でも、巧みな話術として挿入されている。だが、生真面目な体質の日本人には、欧米人に比べてこうした場面でユーモアのセンスが見劣りする。国際化が進む中、日常的にこのセンスを磨くよう心がけたい。

そうはいうものの、周りを探せばユーモアの持ち主は結構いるものである。明治の文豪夏目漱石こと本名夏目金之助は、負けず嫌いでへそ曲がりの自分を称し、四字熟語の「漱石枕流《そうせきちんりゅう》」からペンネームを考えた。

その故事とはこうだ。昔、中国に孫楚《そんそ》という若者がいた。彼は、世俗を嫌って山にこもって生活することを考えたのだが、あるとき友達に向かって「私はこの際、石を枕に寝て、川の流れで口をすすぐような生活をしたい」と言おうとしたところ、言い間違えて「石で口をすすぎ、川の流れを枕にして寝たい」と言ってしまった。これを聞いた友達が、「馬鹿を言うな。石で口をすすいだり、川の流れを枕にする事ができるものか」とせせら笑うと、負けず嫌いで屁理屈屋の孫楚は「いや、流れに枕するのは耳を洗うためで、石で口をすすぐのは歯を磨くためだ」と言い返したという。転じて「漱石枕流」というのは「へそまがり」とか「負けず嫌い」を意味する言葉になったのだ。

また、二葉亭四迷は小さな頃から本ばかり読んでいたので、文学に理解のない父親から「おまえのような役立たずはくたばってしめえ」と怒鳴られたことからきたらしい。

企業名で面白いところは、カメラのキヤノンは第一号の試作機「観音カメラ」から（観音→KWANON→CANON）。タイヤのブリヂストンは、創業者石橋さんの英語読み（橋＝ブリッジ(bridge)、石＝ストーン(stone)）。またキャラクター商品で有名なサンリオは、社長が山梨県出身で、山梨《サンリ》の出世頭、王《オウ》になろうと名づけたというが、これはデマ。実際はスペイン語のSan Rioに由来し、意味は「聖なる河」だ。また、エドウィンは外国のジーンズに対抗して、江戸が勝つ（勝＝WIN）の意味とされていたが、これもデマで、本当はデニム（DENIM）アルファベット5文字を自由な発想で並べ換えてEDWINとなったという。

成功へのワンポイントアドバイス

ウイットに金や道具は必要ない。ただひとつ必要なのは、センスである。

第9章

リーダーの資質

恐れるな、あなた自身に！
あなたの力は、あなたのなかにあるのだから
たじろぐな、あなた自身に！
勝利者はあなたを助け、あなたを強めると信じ、
わたしはあなた方の一所懸命を心より見守る

1 われは道を探す。道なくば道を造る

古代スカンジナビア人の紋章はツルハシで、そこには**「われは道を探す。道なくば道を造る」**との文字が刻まれていたという。力強い言葉だ。国家あるいは、自分が目標を掲げ、その目標を達成するためにあれこれ努力するも、そこへ通じる道がなければ自らが先駆者となって切り開こうとする決意の言葉である。不撓不屈《ふとうふくつ》の精神が見て取れる。

この話を聞いたとき、私は高村光太郎の詩、「道程」の一説を思い浮かべた。**「僕の前に道はない。僕の後ろに道は出来る」。**

あなたには自分の仕事に誇りを持ちたいと思わないか？　あなたが所属する業界が三流四流とされていれば、社会から認知され、一流といわれる業界に変革したいと思わないか？だが、どこの社会も同じで、既存の制度を打開するのは並大抵の努力では叶わない。なぜなら、年齢を重ねた多くの人は、これまでの経験をあまりに過信しすぎて、古いものにこだわり続けているからだ。だから、業界の重鎮は制度改革に積極的な態度をとらない。

そこで、業界の刷新を図るには、若い人の心が必要なのだ。若い芽を育てるためには前提として、年齢を重ねた古参の過去の経験的なものや、世間ずれした大人の考え方を否定

することから始めなければならない。時代の流れは速い。いつまでも旧態然とした体質を温存していたのでは、早晩、時代の潮流から取り残される。そこで、若い心を持つ誰かがしなければならないことがある。それが、「われは道を探す。道なくば道を造る」なのだ。

業界のために私は黙っていない。
業界の地位向上のために黙り込まない。
業界の質が朝日のように光を放ち、その光が松明《たいまつ》のように燃えるまでは。
暗い嵐の夜に誰も松明に火をつける者がなく、
扉を叩く君に誰一人として応じるものがいなくとも、
君よ失望してはならない。
雷が激しく轟く中で
わが心の松明に火をつけ、一人暗闇の中で火を燃やせ！

仕事に注ぐ情念とは、こうしたものである。これが私の生き方である。業界をあなたの仕事に置き換えてみて欲しい。

成功へのワンポイントアドバイス

僕の前に道はない。僕の後ろに道は出来る。

② 指導者の条件

リーダーに要求される資質には数多くのものがある。統率力、冷静さ、的確な判断力、先見性、感性の豊かさ、見識の深さ、豊富な経験……。数え上げたら枚挙に暇がない。その中で特に大切なものはと考えたとき、慈悲に代表される伝教大師最澄の教えに思いを馳せる。

平安時代、最澄はよりよい国、さらによりよい世界をつくるには、それを構成する人間の育成が大切であるとし、「一隅を照らす」「忘己利他」などの教えを説いた。では、どのような人間が理想であるかといえば、一隅を照らす人、つまり自分自身の置かれた立場で精一杯努力し、明るく光り輝く人。また自己の幸せを二の次に、世のため人のために尽くす忘己利他に徹する人であるとした。

少なくとも、リーダーには双方を実践する力が必要である。肩書きによる利益や栄誉を重んじ、末端の利益を省みない人物は指導者の器ではない。

「朝《あした》に道を聞かば夕べに死すともかなり」

これは、春秋時代の思想家孔子が述べた言葉である。秩序ある理想の社会ができたならば、私はいつ死んでもいいとの決意を込めた悲壮感溢れる内容だ。

当時、孔子が生きた時代は、乱れに乱れた戦乱の世であった。一番売れた商品は何かといえば、それは義足。孔子は、このような状態を何とかしたかった。生まれないよりは、生まれたほうがよいと思える社会。「生まれてきて、よかったなあ」と皆が実感できる社会が築けたならば、どんなに幸せだろう。これが、たったこれだけが、思想家孔子の想い描いた理想だった。そのような社会が作れたならば、後に自分が指導者として国家に君臨するのではなく、いつ死んでも悔いはないとの切なる思いを語っている。

また、三国志には別の意味で忘己利他に徹し、組織の秩序を維持するために非情さを貫いたリーダーの話がある。彼の名は諸葛孔明《しょかつこうめい》。日頃、全幅の信頼をおき、誰よりも寵愛していた腹心の部下「馬謖《ばしょく》」を、自分の命にそむいて大失敗した見せしめとして、衆前で斬った。この故事から、自分が寵愛する者であっても、組織の秩序を乱したならば厳罰に処することのたとえとして**「泣いて馬謖を斬る」**が用いられる。

指導者は自己の幸せを二の次に、世のため人のために尽くす人でなければならない。日本史のみならず、中国故事からも含蓄ある教えが数多く受けられる。

成功へのワンポイントアドバイス

よりよい国、さらによりよい世界をつくるは、それを構成する人間の育成が鍵。

3 己より優れた者を使う

次郎物語の作者として有名な、下村湖人《しもむらこじん》の短編集に、『老職工とカーネギー』がある。もちろんカーネギーとは、アメリカの鋼鉄王アンドリュー・カーネギーのことである。

カーネギーは、長年彼と苦楽をともにしてきた老職人の功績をたたえ、USスチール社の重役のイスを与えると、本人を社長室に招いて伝えた。すると、老職人は涙を流し始めたのだ。彼の表情から察するに、それは喜びの涙ではなく、あきらかに悲哀の涙だった。この大抜擢を、喜んでくれるものだとばかり思っていたカーネギーは、困惑顔で理由を尋ねた。その理由とはこうだった。

「自分は40年間、来る日も来る日も、ハンマーで鉄をたたく仕事をしてきました。ハンマーで鉄を叩くと、カーンとさえた音がする。それと同時に、パット鮮烈な火花が散る。これは私の命の響きであり、ほとばしる情熱の火花と思ってやってきたのです。こうして長年、私は製品に自分の魂を吹き込んできました。ハンマーで鉄をたたく仕事は、私の生きがいそのものです。それを、重役にされたんでは、今後、自分は何に目標をおいてよいかわかりません。どんなにすわり心地のよい椅子も広い部屋も、私の命、ハンマーの魅力にはとうてい勝てないでしょう」

この話を聞いたときにカーネギーは心から反省をした。そこで、カーネギーは懐から一枚の小切手をとり出し、アメリカ大統領の年収と同じ金額を書き込み、この誇り高き老職人の手にそれを握らせた。次の言葉を添えながら。

「私の浅はかさを許していただきたい。あなたは職人の世界における最高の人物だ。政治の世界における最高の人はアメリカ大統領だから、どうか大統領と同じ報酬を受け取ってもらいたい」

そして長い間二人は抱き合って泣いたという、感動的な話だ。

このようにカーネギーは、優れた部下を上手に使う達人だった。人を使うことは、非常に難しいことだが、事業をするうえで避けて通ることのできない課題でもある。

指導者の心得とは、部下のモチベーションをいかに高められるかに尽きる。

この点でカーネギーは、部下の誇りを最大限尊重した、類まれな指導者であった。ピッツバーグにあるその墓石には、次の言葉が刻まれている。

「己より優れた部下を持ち、共に働ける技を知る者、ここに眠る」

成功へのワンポイントアドバイス

リーダーの条件とは「仕事の知識と技術の習熟」「創造的な行動」「感性の鋭さ」

4 後継者を育てる

トップのあり方として、次のどちらが適当なのであろうか。

一つは、自分の右に出る人間がいないほど、突出した経営手腕を生涯現役でふるう者。

もう一つは、突出した経営手腕をふるっていたものの、一定の時期が来たら後進に道を譲って地位を退く者。

状況や時期といったものを総合的に勘案しなければ、即座にどちらが正しいとは言い切れないものの、少なくともトップは自分の意志を継ぐ二代目を養成しておくべきであると考える。

「私は30歳。四季はすでに備わっており、花を咲かせ、実をつけているはずである。それが単なるもみ殻なのか、成熟した粟の実であるのかは私の知るところではない。もし同士の諸君の中に、私のささやかな真心を憐れみ、受け継いでやろうという人がいるなら、それは蒔かれた種が絶えずに、穀物が年々実っていくのと同じである」

この言葉は、吉田松陰の遺書でもある『留魂録』に記されている内容の一部だ。自分の理念を受け継いで、行動を共にする同士がいない現状を憂い悲しむありさまが、私には痛いほどわかる。彼が主宰した松下村塾は、高杉晋作や伊藤博文ら維新で活躍した要人を数多く輩出したものの、松蔭存命中、彼が提唱した草莽崛起《そうもうくっき》（意味：身分を問わず、在野の志ある者たちが、新しい時代を築くために立ち上がること）の思想は成熟していなかった。

釈迦もキリストも、さらには孔子も、古き時代の教えを今に伝える。その教えは真理として、二千年以上もの間人々の心のよりどころとなり、今なお教義は魅了してやまない。だが、仏典も聖書も論語も、実は彼ら自身の執筆ではない。それは彼らの愛弟子である語り部が、在りし日の師との対話を想起しながら苦心惨憺編纂したものに他ならないのである。

人々に認められ、長く語り継がれるもの、これこそが本物である。ビジネスに対する理念も、なんら変わりはしない。組織に関しても後継者を育て意志を継いでもらうべきなのである。それゆえ、いつまでも地位や名誉に執着し、老醜をさらし、晩節を汚してはならない。引き際の美学を心得るべし。

成功へのワンポイントアドバイス

人々に認められ、長く語り継がれるもの、これこそが本物である。

5 人財、人在、人罪

会社でも、学校でも、地域でも、集団すなわち組織にとってそれを構成する人間の質がよくも悪くも影響する。帰属するメンバーの、意識のあり方も当然だが、集団を率いる指導者の資質が統制力と機動力に大きな差を生じさせる。

アメリカの経営学者、ドラッカーは次のように述べる。

「組織の中心的存在は、頭脳を用いて仕事をする知的労働者である」

この言葉は、組織の統率者に、どれだけ「頭脳」が必要であるかをズバリ表現している。いくらメンバーが自分のレベルで精一杯活躍したとしても、その組織に頭脳を持った知恵者がいなければ、個々の力を集約し集団的な圧力として、社会に顕在化することはできない。

また、ナポレオンは狼と羊にたとえて、次のように組織を語る。

「一頭の羊に率いられた百頭の狼群は、一頭の狼に率いられた百頭の羊群に敗れる」これもまた、知恵者が率いる組織は、知恵者でない者が率いる組織を駆逐する法則をいいえている。

さて、リーダーはメンバーを統率すると同時に、効率よい組織運営を行うため、人を育てていかなければならない。つまり、後継者養成を含めての「人材」育成である。

一般に「人材」というが、その中身は**「人財」「人在」「人罪」**の三種類に分類されるという。まず、会社の利益に直結するような、有益な働きをする人物が会社の財産であり**「人財」**。次に、会社に行けば給料がもらえると、条件反射的に会社に来ているだけの人、いわゆるパブロフの犬状態で、平均的な仕事しかしない会社に在籍しているだけの人は**「人在」**。そして最後は、仕事を何もしない給料ドロボウ、あるいは横領などの悪事を働き、罪に問われるような会社にとって不要な人たちで、それが**「人罪」**。

平均的な会社組織では、この「人材」の割合が三対四対三になっているそうだ。これを刺身（三四三《さしみ》）の法則という。いかに、多くの社員を「人財」に引き上げるか、それが指導者の腕の見せ所といえるだろう。

成功へのワンポイントアドバイス

「人財」とは会社にとって有益な働きをする人物。いかに、多くの社員を人財に引き上げるかが、指導者の腕の見せ所。

⑥ 社会に還元する（フィランソロフィーの考え方）

宗教的な背景を欠き、ボランティアが盛んでない我が国の企業にも、**利益の一部を社会に還元する「フィランソロフィー」の考え方がようやく浸透しつつある**。つまり、自分だけが儲かっていればよいという一人勝ちの感覚は、もう社会に通用しなくなったのだ。

フィランソロフィーとは、ギリシャ語の人類愛に由来する言葉であり、直接的な対価を期待しない社会貢献活動、具体的には慈善活動やボランティアを意味する。企業におけるフィランソロフィーには、企業も個人と同じく一市民、つまり企業市民として社会に積極的に貢献しなければ、社会における生存と成長を確保することは困難だという認識がある。

アメリカでは古く1910年から30年にかけて、カーネギー財団、ロックフェラー財団などが設立され活発に活動が行われていたが、日本では遅れること1990年代に入って活動が活発化する。経団連が音頭をとり、経常利益の1％を社会貢献のために毎年寄付する「1％クラブ」が設立された経緯がある。

しかし、日本のフィランソロフィーも企業によっては歴史が古い。

たとえば、サントリーの創業者・鳥井信治郎は、大正10年にサントリー文化財団の前身である「邦寿会」を発足させ、無料診療所を大阪に開設するなど、組織的にフィランソロフィーを開始。その背景には、「陰徳あれば陽報あり」という儒教的な考えがあったという。ちなみにこの言葉の出典は、中国の思想書である『淮南子《えなんじ》』。前漢の淮南王《わいなんおう》劉安が時の思想家を集めて編さんしたこの書に収録された人生訓の一つである。意味は**「人知れず善行を積んだ者には必ずよい報いがはっきり現れる」**というもの。

また、昭和の経営の神様といわれた、松下幸之助は、１９７９年に私財70億円を投じ、本物のリーダーをつくるために「松下政経塾」を設立した。その松下政経塾からは、若く優秀なリーダーが数多く巣立っている。

さて、私が業界の地位向上を叫ぶと、決まって次のことを言う人がいた。

「自分はこの商売で食べるのが精一杯で、業界のことまで考えが回りません」

これは、大きな間違いである。自分の所属する業界がよくならなければ、個人の生活も向上はない。業界の知名度が上がり社会が認知すれば、自然と構成員の収入も増す。一方、自分のことのみを考えた場合、その見返りは少ない。

企業も個人も、大いに利益を追求すべし。同時に社会との共生を考えるべし。

成功へのワンポイントアドバイス

人知れず善行を積んだ者には、必ずよい報いがはっきり現れる。

7 怒りについて

世間一般でいうところの、温厚篤実な人は、本当に人格者なのだろうか？　一説では、「利口なものは決して怒らない」らしいが、そうするといつも怒ってばかりいる者は、いかにも馬鹿であるという三段論法が成り立ちそうだ。

しかし、怒るということをそう簡単に片付けてしまってよいのだろうか？　怒ることは本当に悪徳なのか？　むしろ、「怒り」について鈍感になってしまった世の中のほうが悪徳なのではないだろうか？

昔は「義人」と呼ばれた人がいた。**義人とは、正義を重んじて行動する人であるが、同時に「怒り」を知っている人のことである。**吉田松陰、佐倉宗五郎、大塩平八郎などは、その最たる例であるといえよう。また、イエス・キリストにしても釈迦にしても、真に激しい「怒り」に生きた人たちであった。

確かに怒りの様は突発的なものである。しかし、これは「怒り」の単純性と純粋性の現れなのだ。また、時として「怒り」が正確な判断を妨げることもあるだろう。だが、「怒る人間」よりも「怒りを表さないで仮面を被っている人間」、さらにそれが昂じて「憎しみを持つに至った人間」の方が、常に許されてよいはずがない。「憎しみ」には愛がないのだ。「怒り」を素直に表現することなく、持続的なジメジメした「憎しみ」を持つところに、現代の人間関係における陰湿な特徴がある。私たちが回避すべきは「怒り」ではなく、「憎しみ」なのだ。

本当の怒りを知る者のみが「寛容」たりうる。また、**怒りには「愛」がある**。如何とも し難い現状を、よりよい方向に導きたいがための公憤なのだ。したがって、本物の怒りには必ず愛の涙がこもっている。逆に、真に愛や孤独の何であるかを知っている者のみが、真に怒ることを知っているともいえるだろう。

怒る者は孤独で、誤解も受けやすく敵も作りやすい。それでも私は、何をされても怒らない神や聖人であるよりも、人に笑われても損をしても、真に怒るべきときは怒ることができる人間でありたいと願う。

「怒る奴は馬鹿だ」とか「怒れば損」だとか言う小利口な人間に限って、実は本当の愛を知らない「事勿れ主義のエゴイスト」だ。怒るべきときには怒る。そうでないと、フラストレーションが体に蓄積されてたまったものではない。

成功へのワンポイントアドバイス

本当の怒りを知る者は「寛容」であり、怒りには「愛の涙」がこもっている。

8 強者の条件

勝ち知らずの馬、高知競馬場の「ハルウララ」が、人気を博したことがあった。その背景には、会社に尽くしてきた中高年サラリーマンが、業績悪化を理由に、あっさりリストラされる世相が影響していた。いつまでたっても負け馬と、自らの姿と重ね合わせ、憂き目にあっても耐え忍ぶことが大切と、全国に熱烈なファンを生んだのだろう。

しかし、**生きるということは弱肉強食の世界であり、強者の論理で動くものである**。負け馬がもてはやされてはいけない。それは自然界が、如実に語る。

たとえば、カッコウという鳥は、親が自分で子育てをしないことで有名である。托卵《たくらん》、つまり他種の鳥の巣に産卵し、その鳥に抱卵・育雛《いくすう》させるのである。カッコウの卵は誰に教わるでもなく、いち早く孵化し、仮親の卵を巣外に排除するという大胆不敵な行動にでる。これは、刷り込まれた遺伝子のなせる業であるとはいえ、天才的な知恵である。

また、大きいにもかかわらず、仮親にはカッコウの卵と自分の卵との区別がつかないことは、無知というより悲劇である。運よく本当の子が巣に残り孵化したとしても、仮親は中でも強く大きく、賢い子だけを育てる。巣の下に落とされたひ弱な子は、たとえ自分の子であったとしても、見殺しにする。

しかし、カッコウのみならず、巣で育つ鳥は、兄弟間でこの生存競争をするという。生き残るために、強い子供が弱い兄弟を巣から突き落とすのだ。

これを人間の倫理観からいえば、許されざる悪行であるといえよう。自己中心的で利己的である。しかし、これが自然界の掟なのだ。共存共栄とか、いくらきれいごとをいったところで、強い子孫を残すことが自然の摂理なのである。

人間の社会とて、例外ではない。こと、ビジネスの社会では、強者がしたたかなまでに弱者をのみ込む。生き残りをかけて、日々が熾烈な戦いなのである。

何も私は、社会の倫理を無視し、慈悲の心もかなぐり捨て、何でもしたいようにしろというのではない。私のいう**強者とは、自尊心が高く、信念を貫き、そのために何かを失うとしても毅然と行動し、責任感に厚く潔く、迎合を忌み嫌う、いわば武士の精神である。**

特に経営者は強くなければならない。社員のためにも社員の家族のためにも、戦いに負けるわけにはいかない。知恵を絞り、社員を叱咤激励して、率先垂範、自らが行動しなければならない。「終わりなき闘い」、これが私の生き様である。

成功へのワンポイントアドバイス

生きるということは、弱肉強食の世界を勝ち抜くことである。

9 安定と調和から生まれるもの

聖徳太子は、17条憲法の第1条で **「和を持って尊しとす」** と唱えた。たしかに、争いごとがなく、みな和気藹々《わきあいあい》として、すべて和やかにことが進めばそれにこしたことはないだろう。日本人は、この言葉をことさら好む傾向にある。

それには、日本人に流れる農耕民族のDNAが大きく影響している。紀元前もの昔から、洪水によりもたらされた河口付近の肥沃な土地で、私たちの祖先は集落を作り農耕を主として生活を営んできた。もちろん、当時にも近隣の人たちとの少なからぬもめごとはあったものの、狭い集落での生活を強いられる以上、相手との関係を極端に悪化させることは、ムラ社会の秩序を乱すことにつながり、村から追放されることを意味していた。

したがって、人々は思うように権利を主張することはせず、村長《むらおさ》の裁定には素直に従い、まあまあ、なあなあの馴れ合いで事なきを得てきた。これが、黒白をはっきりさせない日本特有の玉虫色解決方法の成り立ちである。

しかし、最近社会がグローバル化する中で、こうした日本的な考え方が、世界の中で通用しないことに遅まきながら気づくようになってきた。たとえば日本人は、相手との交渉でなかなか折り合いがつかないときに、当然のごとく「そこをなんとか」と言うだろう。ところが、それについてアサヒビールの会長を務めた樋口廣太郎は次のようなエピソードを伝えている。

あるとき、通訳を交え海外企業の担当者と交渉していたときのこと。氏が、「そこをなんとか」と通訳に伝えてほしいと言ったところ、その通訳に「外国語にはそうした言い回しはありません。その言葉を直訳すると、『私は得をするがあなたは損してください』となりますが、そう伝えてもよろしいでしょうか？」と言われたそうだ。

ご都合主義で責任の所在をはっきりさせないこれら日本的特質は、今後どんどん淘汰されていくに違いない。正面きって議論を尽くさない「調和と安定」は正論とはいえないのだ。むしろ**「調和と安定」からは「停滞と腐敗」が生まれるだけ**である。時代の流れは速い。この国には、「調和と安定」に対して絶えず疑問を持つ新しい芽が育たないかぎり、つまり年齢を重ねた人の古い経験的なものや変に世間ずれした大人の生き方を否定する者が台頭しないかぎり、国際競争に勝ち抜く力は生まれてこないだろう。

成功へのワンポイントアドバイス

議論を尽くさない「調和と安定」は正論ではない。

⑩ 結果の平等より、機会の平等を

すべての国民は、憲法第26条の定めるところにより、その能力に応じて、ひとしく教育を受ける権利を有する。これは教育における機会の平等を規定したものである。

一般的に学生は、経済的な心配をよそに勉学に勤しむことができる。また奨学金や金利が優遇された学生を対象とした貸付制度があるのは、次世代の担い手を育成するための社会的配慮によるものだ。

したがって学生時代は失敗を恐れることなく、自分の力を培い、余すところなく可能性を試すチャンスがあり、志を高く掲げ、大きな夢を持ち、その実現のためにひたすらチャレンジできる環境にあるといえる。しかし、近頃の学生は、社会人になる前の助走期間であるはずのこのモラトリアム期を、責任を伴わない青春謳歌の特権期であると勘違いしている風潮も否めない。大人の目からすると、彼らの刹那的な生き方が非常に危うい。

これには、はき違えた平等主義が少なからず影響しているといえる。努力した者が、そうでなかった者より賞賛を受ける。そうでなければ、勤勉な者はいなくなるだろう。ところが残念なことにわが国の現状は、悪い意味での平等主義がはびこっている。エセ人権主義が蔓延しているといってもいい。たとえば、学校の徒競走では、勝敗がつきにくくなるよう、一緒に走る子供のタイムを事前に把握して、同レベルの子供ごとに走らせると聞く。早く走る子供がクラスのヒーローになって何がいけないのか？　得意分野で認められることが、子供の成長に貴重な励みとなるはずだ。**スポーツができる子、勉強ができる子、その両方ともできないが人を笑わせることが上手な子、いろいろなヒーローが存在してこそ、個の尊厳が保たれるはず**である。

これでは正当な評価を求めて、優秀な人材が国外に流出するのも無理はない。古くは、黄熱病の研究で知られる野口英世博士が日本を後にした。彼は世界的な医学博士として後世に名を馳せたが、国内の学界ではその功績が正当に評価されることはなかった。また最近、スポーツ選手が相次いで外国のチームへ移籍している。国内では選手の実力に見合った待遇が受けられないからであろう。

このへんでもういいかげん、**結果の平等を改め機会の平等重視にシフトしてもよいだろう。**人間は、賞賛を渇望する動物だ。これまでの自分の足跡を、正当に評価して欲しいとする人々の気持ちが、私には痛いほど理解できる。

成功へのワンポイントアドバイス

人間は、賞賛を渇望する動物である。正当な評価が、能力をさらに開かせる。

DAI-X 社労士2004 直前大予想会 Vol.6

第10章

生涯現役、コロナ禍に思うこと

一日一生、一日生涯
明日死ぬと思って生きなさい。
永遠に生きると思って学びなさい。

1 いい人とは何もしない人、何かをする人は周囲と摩擦が起きる

誰しも、周囲と摩擦を起こさず、仲良く楽しく暮らしたいものである。いつもニコニコして、「あの人はいい人だ。優しい人だ」と周囲から言われたい。

しかし、待てよ。皆が皆、いい人になったら、世の中はどうなるのだろうか。是は是、非は非で臨まなかったらどうなるのだろうか。身近な例で、近隣の独裁国家を想像してみるがいい。

為政者が、国民の生活を考えず、恣意的な国政を強いていても、何も言わない、ただニコニコと、されるがままにされていたら、国民の自由はない。個人の幸福は追求できない。為政者の生殺与奪を甘受することに他ならない。

これを、生活レベルに落とし込むと、たとえば、会社である。人と争いを恐れ、自分の思ったことは一切言わない。長いものに巻かれろ式で、言われたことだけを素直にこなす。

こういう社員は、本当にいい人なのだろうか。確かに高度成長期、欧米に追い付け追い越せの時代は、何もいわない従順なイエスマンが好まれた時代もあった。しかし、ビジネスモデルが多様化した現代は、そうではないことを世の中は覚知している。

仕事ができるということは、状況分析が的確で、かつ迅速にその分析を踏まえたプランを策定し、実行に移せる能力を具備しているということである。つまり、自己の持てる能力を最大限駆使して、アウトプットする能力が試されるのである。

もちろん、強固な自己主張をするのであるから、対抗する意見と衝突するだろう。しかし、客観的な批判に耐えてこそ、ビジネスモデルの精度が研ぎ澄まされるのであるから、知的な討論はむしろすべきなのである。そこに遠慮はいらないし、人にどう思われるかなどと下らない配慮は皆無にすべきだ。

日本人の悪いところは、ビジネス上の対峙を、プライベートに持ち込むことである。それはそれ、これはこれとして、感情のスイッチを、オンとオフで切り替える意識が肝要だ。

洋の東西を問わず、歴史を俯瞰してみよう。その時々の悪政を改革してきたのは、常に名もない一般市民だ。心ない為政者に虐げられた一般市民が、声をあげて、革命を起こした。これまで、摩擦を起こした者が、世の中を改革しているのである。**発展的なものの考え方をする人、つまり世の中をよくしようと考えている人に、摩擦はつきものなのである。**真贋を見極めてほしい。

成功へのワンポイントアドバイス

何もしない人は、いい人ではない。摩擦を起こす人こそ、いい人である。

② 存在感を示す…発信することの勧め

組織・集団の中には、発信力の乏しい幽霊のような人が、必ず一人や二人はいるものだ。あまり賑やかなのも組織における結束力の妨げになるが、それでも発信しないよりいい。

わが国には、以心伝心というコミュニケーションの方法もあるが、これは特別親しい間柄でなければ機能しない。遺伝子も、育った環境も異なるのだから、やはり共通の言語を使わなければ円滑なコミュニケーションは期待できない。

職場の職務規律には、「ホウ・レン・ソウ」すなわち、報告・連絡・相談をするようにと定めてあることが多い。何故なら、「ホウ・レン・ソウ」がなければ大きなミスにつながるからだ。内部で齟齬が生じたとしても、それは気づいたところで修正できることが多い。しかし、一旦、会社の決定として外に向けて発信したら、取り返しのつかないミスになる。

こうしたミスを防ぐために、比較的大きな会社では、稟議書を作成し、役所のように職階制において、重要度に応じた決済制度が用いられている。対外的に文書を発出する際は特に、部下がどこへ何を送付しようとしているのか、上席が把握していることで、大きな商談での思わぬ失敗を回避したり、また、内部における徹底した情報共有が、顧客との信頼関係を増す。人は、自分のことを気にかけていてくれたと認識したとき、心を許す。

くわえて、発信するということは、組織が締まる。スポーツの団体競技でも、お互いの守備範囲を確認するとか、攻めの姿勢をアピールするとき、呼応して声を出すではないか。声をあげることで、組織の一体感を確認すれば、相乗効果で、仕事の能率も上がる。その仕事ぶりをアピールして、存在感を誇示することはいくらでも可能なはずだ。

現場を知っているのは他でもない労働者なのだから、ひたすら上司から言われたことだけをするのではなく、こうしたら効率がよくなるのではないか、こうしたら収益があがるのではないかといった、積極的提案を心掛けるべきだ。

今後**AIが世に台頭した際には、「ホウ・レン・ソウ」すらできない労働者は、真っ先にリストラの対象になることだろう。**企業は更生施設ではない。利益を生む集団である。少なくとも、給料以上の収益をあげなければ、雇用する意味がない。労働者はそこのところを意識しながら、来るべき時代に備えをすべきである。

俺はここにドン座っているぞ！　この広い背中についてこい！ぐらい言えなければならないだろう。存在感とは、そのようなものだ。

成功へのワンポイントアドバイス

ホウ・レン・ソウは欠かさず、存在感のある仕事をしよう。

③ 数えきれないほど注意されなければ、一流ではない

事務所の職員に対して、私がよくいうことがある。

それは、「君に期待するから、私は注意をするのだ」と。

誰だって、注意されるのは快くない。しかし、注意する方はもっと心が痛む。中小零細企業の経営トップは、企業秩序を維持するため、致し方なく損な役回りを買って出ているのである。本来そうした役は、ナンバー2、ナンバー3が行うものだが、せっかちな経営者にとって、彼らの発動が遅すぎて、気が付けば、口が先に動いている。

それはさておき、注意されるということは、経営者から期待されているということの裏返しでもある。どうでもよい人物に対して、わざわざ時間とエネルギーを浪費して、注意したりはしないものだ。何をしたところで何も言われない。無関心を装われたら、その職場には、自分の居場所がないものと心したほうがよい。

しかし、親の心子知らずとでもいおうか。我が事務所に限らず、世間一般の職場において、こうした真意がなかなか伝わらないのはもどかしい限りである。

初めて注意されたら、まだまだひよっこ、五流、六流だ。

5回注意されたら、ようやく三流。
10回注意されたら、ようやく二流。
数えきれないほど注意されたら、ようやく免許皆伝。一流である。

とにもかくにも、経営者は、至って孤独である。目に付くありとあらゆるリスクは、気づいた段階で事前に取り除かなければならない。口やかましく指摘しなければならない。

人を雇うということは、その人の生活を給料で保証することである。同時に、その人が扶養する、家族の生活も併せて保証するということに他ならない。したがって、経営者は、給料を捻出すべく無責任な経営はできないのである。

労働者も、給料を保証されたければ、その額に見合った仕事で応えなければならない。間違っても会社の経営状況が悪くなって、労働者の生活がよくなることはない。会社という船に乗り込んだ限りは、全員が一丸となって目標に向かって進んでいかなければならない。途中、雨の日も風の日もあるだろう。クルーは、いやになれば下船するのも自由だが、船長たる経営者は、そうはいかない。**誰よりも会社を愛し、誰よりも顧客を愛し、そして誰よりも労働者を愛する人間が、真剣に会社のかじ取りをする。**

成功へのワンポイントアドバイス

注意されるということは、期待の裏返しである。大いに注意される人になろう。

4 死ぬ瞬間

アメリカの精神科医で、『死ぬ瞬間』の著者として知られる、エリザベス・キューブラー＝ロス博士をご存じだろうか。『死ぬ瞬間』の中で発表した、**「死の受容のプロセス」**は実に感慨深い。簡単に言うと、死を宣告された患者は、その告知事実を受け入れるまでに、おおかた次の5つのプロセスを辿るという。

まずは、1番目として**「否認・隔離」**である。これは、自分が死ぬということは嘘ではないのかと疑う段階であるとされる。「仮にそうだとしても、特効薬が発明されて自分は助かるのではないか」と希望的観測を持つケースもある。

次に2番目として**「怒り」**である。なぜ自分が死ななければならないのかという怒りを、周囲に向ける段階である。

3番目は**「取引」**である。なんとか死なずにすむように取引をしようと試みる段階。「悪いところはすべて改めるので何とか命だけは助けてほしい」あるいは「もう数ヶ月生かしてくれればどんなことでもする」などと死なずにすむように取引を試みる。神（絶対的なもの）にすがろうとする状態。

そして、4番目は**「抑うつ」**だ。この段階では、何もできなくなる。取引が無駄と認識し、運命に対し無力さを感じ、失望し、ひどい抑うつに襲われなにもできなくなる段階。すべてに絶望を感じ、間歇的に「部分的悲嘆」のプロセスへと移行する。

最後に、**「受容」**である。これは、最終的に自分が死に行くことを受け入れる段階である。すべての患者がこのような経過をたどるわけではないだろうが、誰もが経験したことのない、その人の人生で一度きりの死へのプロセスが、想像を可能にすることで、死への恐怖が軽減されるのではないか。誰しも、自分が行ったことがないところへ、たった一人で旅するのは不安でないと言ったらウソになる。それが、人生の終着駅であればなおさらだ。

私達は、死ぬ瞬間まで生きているのだから、最後の最期まで自分を貫きたい。願わくは、生涯現役で、何かしら社会に関わっていられたらと思う。

生理学的にいえば、74歳は、人生の終活を意識しても、決して遅い年齢ではない。しかし、まだやりたいことは山とある。後進に伝えたいことも同じである。

この世に生を受けた意味を考えながら、やり残したことの確認をしたい。

成功へのワンポイントアドバイス

死ぬ瞬間まで、最後の最期まで、自分を貫きたい。

5 卑屈になるな、「すみません」を口癖にしない

最近、職員の口から発せられる言葉に、気になるものがある。それは、何かにつけて、「すみません」を連発することだ。あるときは、

「今日は、役所へ行くんじゃなかったのか？」と尋ねると、

「すみません。急ぎの仕事が入ってしまったので、午後に行こうと思います」と答える。

またあるとき、電話を聞いていると、「すみません。ＮＣ労務の……ですが……」とはじまる。何でもかんでも、挨拶のように「すみません」が横行する。

そもそも、「すみません」とはどういう意味だろうか。何らかの失敗をしたときに、それでは「済まされない」との意味合いが強い。しかし、「すみません」の意味は、実際には多様化されているようだ。そこで、この言葉を他の言葉に置き換えを試みる。

①「連絡が遅れて、済みません」を「ごめんなさい」に置き換える

「ごめんなさい」は、フランクなお詫びの表現である。この意味の用い方には、自分の非を素直に認めて、反省する気持ちが込められている。

②「お見舞いをいただいて、済みませんでした」を「恐れ入ります」に置き換える

「恐れ入ります」は、相手からの心遣いがかえって申し訳なく感じるといったような感謝の思いを表す言葉とされる。

③「ご連絡いただいて、済みませんでした」を「ありがとうございます」に置き換える

「済みません」は、感謝の意を伝える場面でも多用される。この場合の使い方にはは、「ありがとうございます」と言い換えることができる。

④「済みませんが、その本をとって下さい」を「失礼ですが〜」「あのー」に置き換える

英語の「excuse me」と、同意語で、「失礼ですが〜」、「あのー」と言い換えることができる。

いずれにしても「すみません」は、謝罪の意味も強く感じられることから、最近ではビジネスの現場において、別の言葉に言い換えて使うことが好まれるという。特に外国人には、自分の非を認めたと取られかねないことから、口癖として発した言葉の責任の所在を自覚しておきたい。気軽に発した言葉が、謝罪の意味に受け取られ、思わぬ損害賠償を背負う羽目になるかもしれない。

そうしたリスクを回避する意味でも、謝罪を連想させる「すみません」は極力使用しないことが無難だといえる。

成功へのワンポイントアドバイス

卑屈な言葉は、別の言葉に置き換えて発する工夫をしよう。

6 神は死んだ…死の哲学

哲学を理解することは難しい。しかし、法を理解するうえで、哲学の知識は外せないのだから厄介だ。法に関する哲学は、すでに古代ギリシアのソクラテスの実践知に始まり、その後のプラトンやアリストテレス、また、ソフィストにおける弁論術にも見られる。

とはいうものの、いきなり大人用の一般書を読んだところで、何をいいたいのか皆目見当がつかない。そこで、子供を対象とした「哲学入門」から入ることをお勧めする。

崇高な理論を唱える哲学者たちは、その生活も素晴らしいものと思いがちだが、なかなか面白いエピソードがある。

古代ギリシャの哲学者、ソクラテスの妻は、悪妻で有名だ。ある時妻はソクラテスに対して激しくまくしたて、彼が動じないので水を頭から浴びせた。しかしソクラテスは平然と「雷の後に雨はつきものだ」と語ったという。

また、18世紀に活躍したドイツの哲学者カントは、規則正しい散歩が有名で、近所の人は彼を時計代わりに頼っていたという。カントは、自分の哲学に夢中でひとの本を読むのが苦手、生涯独身だったという。

フランスのジャン＝ジャック・ルソーは、教育論に関して『エミール』を論じたが、実生活では、マゾヒズムや露出癖、晩年においては重度の被害妄想があったとされている。

このように、高名な哲学者も所詮は人間である。**完ぺきな人間などいないのだから、社会は人としての功罪を清濁併せ呑む度量が必要**である。

ところで、私が好きな言葉がある。まず、ニーチェの「神は死んだ」である。

ニーチェが活躍した19世紀後半のヨーロッパ世界は、科学が進歩し、既存の道徳精神に批判が生まれてきた時代だった。ニーチェはそのような時代にあって、キリスト教の信仰がもはや信ずるに値せず、新しい価値観が必要だと主張した。

次に、ハイデッガーの「死の哲学」だ。まず、「死」を実存論的に分析する。彼によれば、**死は交換不可能であり、しかもいつかは必ず訪れる確実なものであり、またいつ襲ってくるかも人は知り得ないという意味で無規定なものである。もっとも、日常的平均的に人は死を隠蔽して、死への不安を疎外しているが、確定的に訪れる死を意識して初めて、今をこの時間を、有意義に過ごせる**というものだ。人生は有限であると認識し、日々を大切に生きなければならない。コロナ禍の今は特に感じる。1分たりとも無駄な時間はない。

成功へのワンポイントアドバイス

死を意識して生きることが、有意義な人生に繋がる。

⑦「責任を取る」ということ

権利があって、義務がある。自由があって、責任がある。これらは表裏一体の関係にあり、都合よく、権利だけ、自由だけを謳歌することはできない。

たとえば、**表現の自由である。表現の自由は、憲法第21条で保障されている。**

「第二十一条　集会、結社及び言論、出版その他一切の表現の自由は、これを保障する。」

では、私たちは、誰に対しても無制限に何を言ってもいいのかという議論が生まれる。答えは、否である。何を書いても基本的には自由ではあるが、人の権利を侵害する行為まで、憲法は補償していない。**その憲法は、第13条で幸福追求権も保証している。**

「第十三条　すべて国民は、個人として尊重される。生命、自由及び幸福追求に対する国民の権利については、公共の福祉に反しない限り、立法その他の国政の上で、最大の尊重を必要とする」

したがって、対極する当事者のどちらを手厚く保護すべきかの問題となる。**書く側の自由と、書かれる側の名誉を擁護すべき事由との対立であり、保護事由（守ってあげなければならない事由）と、帰責事由（責められても仕方ない事由）の問題**である。

近時、インターネット上や、週刊誌で人の名誉を傷つけたとして、名誉毀損で損害賠償を訴えられることが少なくない。つい最近も、お笑いコンビ「爆笑問題」の太田光氏が、日本大芸術学部に裏口入学したとする週刊新潮の記事で名誉を毀損されたとして、東京地裁は同社に440万円の支払いと、インターネット上の記事の削除を命じる判決を言い渡した。つまり、保護事由は太田氏にあり、週刊新潮は、太田氏の人権を侵害したことにより、損害賠償を支払う責任と義務を負ったのである。

私の周囲にも、約10年に亘り、インターネット上で名誉毀損行為をし続けた人物がいる。大小合わせて50件以上の民事裁判を経て、ほぼそのすべてが敗訴。約1億円の損害賠償と強制金の支払いを命じられ、昨年、同人が所有する不動産（自宅の土地家屋）が強制競売で人手に渡った。また、刑事事件では、名誉毀損罪の罰金刑で最高額の50万円が言い渡されている。前代未聞の珍事である。たかが悪口、されど悪口。**法治国家である以上、私たち国民は法に従わなければならない。権利と権利が衝突した際の調整が、法であり、裁判である**こと、それを日頃から肝に銘じて行動すべきである。

成功へのワンポイントアドバイス

「帰責事由」と「保護事由」。自分の行動がどちらかを、考えながら行動する。

8 「虹の橋」と、「キサーゴータミー」

ペットは家族の一員である。彼らと直接、言葉でコミュニケーションをとることはかなわないが、その一挙手一投足から、気持ちを察することができるから不思議だ。ペットの方も、こちらの気持ちを察しているようで、深い信頼関係が心地よい。

帰宅すれば誰より先に出迎えてくれて、寂しかったよ、とばかりに体を摺り寄せてくる。朝起きれば、待ってましたとばかりに尾を千切れんばかりに振りながら、目で遊びに誘う。怪しい人間には、警戒の吠えを食らわせ、家の警備は自らの仕事と、年中無休で実直に勤しむ。子犬の頃から深い愛情を注ぎ、我が子同様にかわいがった彼らは、賢く従順で愛らしく、ある意味親自慢の格好の題材だ。

しかし、寿命が短い彼らと私たちは何度も別れを経験しなければならない。悲しいからもう飼うまいと思いつつ、次の子を迎え入れたい誘惑を断ち切れない。

天寿を全うした子でも、飼い主にとって、ペットロスは避けられない後遺症であるが、面白半分に年若くして毒殺された子の場合は、特に不憫でならない。

しかし、**飼い主より先に旅立った子は、天国の入り口で、後から来る私たちを待ってい**

てくれるという。そして、一緒に天国への階段を上ってくれるという。これが、**ペットロスを癒す、「虹の橋」**の話である。いい話だ。

このように、ペットですら深い悲しみを負うのだから、自身のお子さんを不慮の事故で亡くされた方々は、どれだけ心痛なことかと察するにあまりある。

昔、キサーゴータミーという母親がいた。彼女は漸く授かった、よちよち歩きができるようになったばかりの大切な一人息子を失い、悲しみに打ちひしがれる。

そして彼女は、息子を生き返らせるため、薬を求めてブッダを尋ねた。

ブッダは、そうした彼女に「一人も死人が出たことのない家から白いケシの実をもらってくるように」と言った。

そこで、町中の家々を尋ねたキサーゴータミーは、息子を生き返らせることができる、白い芥子の実を入手することができないことを思い知らされる。つまり、**死は特別なことではなく、誰にでも起こることであり、残される私たちはその事実を受け入れるしかない**ということを学んだのである。切ない限りである。

成功へのワンポイントアドバイス

愛するものを失い、悲しいのは貴方だけではない。「魂は永遠」である。

9 「ウナギの稚魚」と、「天敵ナマズ」の話
――ストレスは、必要不可欠――

現代人は、何かとストレスを感じているようだ。一昔前までは、恥ずかしいとされていたメンタルに関わる病気も、今は完全に市民権を得た。

労働の現場でも、上司が部下を注意すると、ちょっとしたことでもメンタルを病み、やれパワハラだ、モラハラだと、労働問題に発展することも少なくない。高度経済成長期に、企業戦士だった多くの経営者側の人間にとっては、そうした労働者の貧弱な精神が理解できない。病気を隠れ蓑に、さぼっているのではないかと穿った見方をしてしまう。こうしたジェネレーションギャップは、なかなか埋めることができない。むしろ、経営者側が労務管理と法のはざまでメンタルを病むことも多い。

しかし、ストレスとは何かを知っていれば、少しは状況が緩和されることだろう。

人間は、よりよく生きようと思うと、理想と現実との間に何かしらのギャップを感じ、何らかのストレスを感じるものだ。他方、「今が幸せ。このままでいい」と考えた場合、先の落差はなくなるものの、今度は生活の満足度が低くなっていく。それもそのはず、周囲が日進月歩で進んでいるのに、自分だけが過去のままをよしとして続けていたならば、

時代遅れになるだろうし、効率が悪くなる。これもまたストレスになる。だから、**適度のストレスは、社会生活を送るうえでむしろ必要**なのだ。

ここで、「ウナギの稚魚とナマズの話」をしておこう。

養殖うなぎは、稚魚を輸入して育てるという。日本は、その多くをカナダから輸入しているそうだが、空輸をする際、十数時間の長旅をすることになる。その間に、全体の8割から9割の稚魚が死に、生き残るのはわずかに1割、2割だという。それでは採算が合わないということで、ためしに、稚魚のなかに天敵のナマズを入れてみた。もちろん、ナマズは稚魚を餌にする。結論を急ぐと、2割の稚魚がナマズに食べられてしまったが、残りの8割は、元気そのもので無事空輸できたという奇跡の話だ。

逆転の発想が功を奏したのは、何故か。稚魚はナマズに食べられまいとして、必死に水槽を逃げ回る。うかうかしていれば食べられてしまうのだから、それは必死だ。しかし、腹を満たせばナマズは必要以上に稚魚を捕獲しない。

こうした**緊張感が、餌を免れた稚魚の命を救った**ものと考えられる。

成功へのワンポイントアドバイス

適度な緊張感は、刺激になり、物事をよい方向に進める原動力にもなる。

10 明日死ぬと思って生きなさい　永遠に生きると思って学びなさい

「明日死ぬと思って生きなさい　永遠に生きると思って学びなさい」

これは、インド独立の父マハトマ・ガンジーの言葉であり、私が好きな言葉の一つである。日々は忙しい。毎日のルーティンワークで、手一杯という人が少なくないのではないか。しかし、本当に手一杯なのだろうか。

確かに、多忙を極める人もいる。だが、忙しさの原因は、その大半が段取りの悪さだ。**人には、平等に与えられているものが二つある。一つは、一日24時間という時間と、二つ目はその時間をどのように使うかという選択権である。**そのことを意識して、時間の有効活用を可能にした人が、成功を手中にするといっても過言ではない。

私たちは、誰にでも確実に訪れる「死」と引き換えに、この世に生を受ける。その「死」は、どの程度先に訪れるのか、私たちは知る由もない。しかし、今すぐではないにしても、どこか頭の片隅に、漠然とそのリスクを感じながら日々を過ごしている。

とはいうものの、健康な日々の暮らしの中で、自身の終焉を意識することはほぼないといってよいだろう。今日が終わり、明日が来ると信じて疑わない。だから、日々の生活に緊張感が欠けることになる。今日できなければ、明日すればいい。それができなければ、まだ次の日がある。

本当にそうだろうか。コロナの感染が拡大する中、死が他人事とは感じられなくなるような報道が続く。罹患から数日で容体が急変し、手を施すこともできないまま本人も気づかぬうちに鬼籍に入る。そうしたリスクを目の当たりにしたとき、人は生きていることに感謝して、残された時間の大切さを考えるようになる。

「一所懸命」。一生懸命ではなく、今、この時、この場を精一杯生きる。

「一日生涯」。一日を生涯と見立て、一日単位で完結する生き方を実践する。

明日は来ないとの考え方をベースに、幸運にも明日を迎えられたとしたならば、心の底から、有難しと感謝する。

そして、奇跡の明日を可能な限り続けても困らないように、真剣に勉強する。そのように生きる姿勢は、人のためではなく、間違いなく自身に帰ってくる生き方の実践である。**諸行は無常である。**刻々と移り変わる今、この時を、この瞬間を意識して丁寧に過ごしていこうではないか。

成功へのワンポイントアドバイス

一日生涯。日々を後悔なく過ごすための、実践形態である。

⑪ 晴れた日は晴れを愛し　雨の日は雨を愛す

２０２０年、本来ならば、東京オリンピックが開催されていた年から、世界的な新型コロナウイルスの感染拡大で、私たちは移動の自粛を余儀なくされている。計画していた旅行を中止せざるを得なくなった人も多い。しかし、これは天災なのだから、誰かを恨んでみたところで仕方がない。

だとしたら、置かれた環境で、その環境を最大限楽しむ努力をすればいい。出来ないことを嘆いたところで始まらないではないか。

旅行ができなくなって時間的余裕ができたなら、日頃できない、家の掃除をする、本を読む、ＤＶＤで映画を見る。日頃できない、家族との会話を楽しむ。新しく何かをする。いくらでも、プラス思考で過ごすことができるのではないだろうか。

「晴れた日は晴れを愛し　雨の日は雨を愛す　楽しみあるところに楽しみ　楽しみなきところに楽しむ」（吉川英治）

という言葉がある。

晴れた日には気分も高揚して、戸外で積極的に働ける。体を動かすと気分も壮快だ。他方、雨の日は外に出れば濡れるし、家でじっとしていると陰鬱な空気に気分が沈む。

とはいうものの、世の中晴れた日だけだとしたら空気は乾燥して作物が実らない。適度にお湿りは必要だ。晴れた日と、雨の日は、バランスよく巡ってくれないと人々の生活もうまく回らない。

だとしたならば、晴れた日には晴れを、雨の日には雨を楽しめばいいのである。

人生は、山あり谷あり。よいことも悪いことも全部まとめて人生なのだから、それはそれで受け止めなければならない。

いつ収束するのか誰もわからないコロナ禍でも、私たちは生きていかなければならない。これまでの生活と、ずいぶん異なる状況を甘受しなければならないわけだが、これも致し方ないことである。どうにもならないことは、無理にどうこうしようとせず、流れに身を任せるのも一つの方法だ。**見方を変えることで、閉塞感を脱却することもある。**

さすがに、コロナ禍の状況で従来通りに楽しむことはできないだろうが、これまで大過なく過ごしてきたことへの少なからぬ感謝を覚えることはできるだろう。なくした環境を嘆くより、少しでも心が軽くなるのではないだろうか。

成功へのワンポイントアドバイス

人生は山あり谷あり。それはそれで、全部まとめて受け止めなければならない。

12 雨の日には傘をさす

昭和の経営の神様・松下幸之助に関する話である。

「先生、成功するコツを教えてください」と尋ねた人に対して、神様は「あんた、雨の日には、どうしはります?」と逆に質問したという。

質問者は、松下氏のことだから、何かとてつもない秘策を提示してくるのだろうと考えあぐねた。しかし、これといった妙案が浮かばなかったので、長い沈黙の後、こう答えた。

「雨が降ったら、傘を差します」

そうしたところ、神様は、

「そうやろ? なんも難しいことはあらへん。**雨の日には傘をさすやろ?…当たり前のことを当たり前にすればいいんや**」と答えたという。

当たり前のことを当たり前にする。これは、簡単なようでいてなかなか難しい。凡夫は継続してこれをすることができないから、残念なことに成功者になれないのである。

さて、2021年正月、コロナ禍の中、箱根路を駆け抜ける伝統の箱根駅伝が行われた。

2日の往路、伝統の青山学院は誰もが目を疑う、まさかの12位だった。年末、頼みの綱のエースが故障し、出場できなくなったことも要因の一つであり、留年までして、2年前の失速にリベンジした山の神は、まさかの悪夢を再現してしまった

翌日の復路。屈辱の青学は、各選手が自分の持ち場を確実にこなしていった。あれよあれよといっている間に、8区では4位に浮上。8人抜いたことになる。通常なら、往路の段階で、復路の走者は心が萎えることだろう。

しかし、そこが王者青学である。メンタルの立て直しが早い。これまで、自分たちがやってきた練習の成果を信じて、気負うことなく、淡々と当たり前のことを当たり前にこなしていく。困難に阻まれたとき、あわてて平常心を失うのではなく、最大限実力が発揮できるよう、心の調整を行えることが凄いではないか。

世の中一寸先は闇。最善を尽くしても何が起こるかわからない。それでも、練習は、努力は、結果を裏切らない。たとえ、優勝しなくても、ハラハラドキドキ、見せ場を作ってくれた青山学院に感謝である。

成功へのワンポイントアドバイス

雨が降ったら、傘を差せばよい。当たり前のことを当たり前にすることこそ、成功への近道である。

13 心構えを変えれば、道が開く

私たちは、日々、何気なしに生きている。

朝、決まった時間に起床し、朝食を食べ、身支度をして会社に出かける。会社に着けば、その日にしなければならない仕事をこなし、決まった時刻に家路につく。帰宅すれば、晩酌をしながら家族と会話し、その日のニュースをテレビでチェックする。就寝時間の1時間ほど前には、風呂につかり、一日の疲れを癒す。

そして、次の日も、また次の日も、そのルーティンワークは、会社が休みである土日を除いて毎日繰り返される。

こうした、日々の積み重ねでよいのか……。疑問を感じないか？　一日の仕事を終え、家に帰ると何もしたくなくなる。しかしそれは、日々、精一杯仕事をした人のセリフであり、たいした仕事もしていないで、精一杯している人と同じセリフを口にすべきではない。

自分がしている仕事は、どの程度の仕事なのか。

簡単にその評価を測るには、会社での自身の評価を確認することがよい。

上司や同僚から全く評価されていないとしたら、大した仕事をしていない、会社の業績に貢献していないということとなる。そこで、ポジティブに考えたならば、まだ伸びしろが相当数残っているということに他ならない。

まずは、自分を客観的にみるところから始める必要がある。今、現在、どのような生活を送っているのか、現状を把握する。現状を把握したところで、問題となる部分をピックアップする。その次に、どうすれば問題点を改善できるかを分析する。

そうした**地道な作業に裏打ちされて、自身が目指すべき方向が見えてくる。**

まずは、どういう行動を身に着けたら現状を改善できるかと考えてみる。そうして行動を見直し、改善し続けると、習慣が変わってくる。これまでの行動や習慣が、正しい方向に矯正されていくことで、その人の人格、人生も激変するだろう。

人生を変えるとなると、とてつもなく大そうなことをしなければならないと錯覚する。しかし、その端緒は至ってシンプルだ。**心構えを変えれば、道が開けるのである。**あなたのことは、あなた自身が一番知っているはずだ。忙しさに流されず、客観的に現状を分析することが、成功への近道である。

成功へのワンポイントアドバイス

よい習慣の奴隷になること。それが成功への近道である。

14

同じ原因からは、同じ結果しか生じない

人間誰しも、失敗はある。そのとき、あなたはどのように対処しているだろうか。

「ああ、失敗してしまった。ま、いいか。次は気を付けよう」と思うか、それとも、「ああ、失敗してしまった。なぜ失敗してしまったのでろう。同じ失敗をしないように、原因を究明し、失敗リストを作成しておこう」だろうか。

前者は、失敗に対する認識が甘い。おそらく、同様な場面で同様な失敗を繰り返すことだろう。他方、後者は、なかなかの対処の仕方である。次に同じ失敗をしまいとする意思が感じられる。

行動は習慣である。何か、まずいことが起こったら、その原因を突き止めて、今後、まずい結果を回避するために、措置を講じなければならない。

そうした分析は、失敗に気づいてから、早ければ早い方がいい。

何故なら、忙しさにかまけて忘れてしまうからである。せっかく、よい勉強ができる機会をみすみす逃してしまうことになりかねない。

次の理由としては、失敗した罪悪感が薄れてしまうからである。これまた、人間は忘れ

る動物であるから、時間が経てば経つほど、自己肯定をする感情が高くなり、失敗したことが致し方なかったなどと、言い訳を正当化する感情が勝るようになる。

したがって、事実が発覚した際は、可及的速やかに対処するのが鉄則である。

「鉄は熱いうちに打て」というではないか。また、犬のしつけに関しても、失敗をしたその場で叱責しなければ、後になってから叱ったところで、犬は怒られる意味すら理解できないという。人も同じである。

仕事の効率を高めたいのであれば、同じ失敗をしないことである。そのためには、失敗した方法を二度と選択しないように気を付けなければならない。

プロである以上、事前に失敗の芽は摘んでおかなければならない。

間違っても、「人は間違いをする動物であるから、一定数の間違いは仕方ない。客からの訂正依頼を受けてから対処すればいい」であるとか、「間違いが多い人は、仕事をやっている証拠である。やっていない人は間違いようがない」などと、屁理屈小理屈を言ってはいけない。顧客が求める上質なサービスを提供すべく、信頼性を重視した仕事をしていかなければならない。

成功へのワンポイントアドバイス

良い結果を出すには、怠惰な悪の連鎖を断ち切らなければならない。

15

人の時間を削ることは、命を削ること

「時は金なり」とは、うまいことをいったものだ。

今、私は、今後10年間の命を保障されるならば、1億円の対価を支払ってもよいと思う。20代の若い人には、おそらく、この焦燥感をわかってもらうことはできないだろう。というのも、まだやらなければならないことが山積しているからだ。法律の知識も、60歳を超えるころから益々理解を深め、今がその佳境である。これまでインプットした知識に知恵を加え、書籍という形にアウトプットしなければならない。まだ気づいていない多くの人に、私の解釈を、法の真理を伝承したい衝動に駆られている。不老不死を願った、秦の始皇帝の心境も理解できる。

さて、皆さんは銀行や役所の窓口で相当な時間待たされた経験はないだろうか。機械化が相当進んだ今でも、昔とほぼ変わりがないようだ。あまりに時間をかける手続きに、私は苦言を呈す。

「君たちは、私が待つこの時間を給料で保証されているからいいが、客の待ち時間をどう考えるのか？　パートの人だったら、1時間以上待たされたその時給は労働の提供がで

きないわけだから、支払ってもらえないだろう」。

ところで、聖路加国際病院の名誉院長だった日野原重明医師は、晩年、小学生に対して、出張「命の授業」をされていた。人生は時間であるとし、当時、100歳に近いご高齢であるご自身の命を、黒板の端から端までを使い、所狭しと一本の線で描く。そして、小学4年生である10歳の子供たちの命を、約10分の1の長さで、同じく線で描く。時間は目で確認することはできない、見ることはできない。しかし、命を線で描き、日々、時間を使っていることをビジュアル化することはできる。

人にお願いするということは、その方の大切な命を削って、自分のために何かをしていただくということである。ビジネスは、その対価として報酬を頂く。労働者ならば、給料を頂く。相手の大切な時間、すなわち命を頂くのであるから、私たちは安易に物事を頼んではいけないし、長時間、意味がないことで待たせてはいけない。

また、依頼した側としては、快く命を削ってくれた相手に対し、最大限の感謝と、恩義を重んじ、真摯に丁寧に返していかなければならない。

成功へのワンポイントアドバイス

人に何かものを頼むということは、人の命を削ることと認識すべし。

■著者紹介

河野順一（こうの じゅんいち）

日本橋中央労務管理事務所所長、東京法令学院長、NPO 法人個別労使紛争処理センター会長、社会保険労務士、行政書士。

法務コンサルタントとして銀行など各企業を対象に、幅広く経営全般にかかる指導業務を行っている。また、複雑な法律問題を身近な事例に置き換えてやさしく解説する理論家として評判になり、法律解釈をテーマとした講演も行う。

現在、社会保険労務士を主な対象にした司法研修を全国各地で行い、好評を博している。「就業規則の作成セミナー」はつとに有名であり、3 日間の集中講義を何度も聴講するリピーターが多い。

●主な著書

『どんとこい！労働基準監督署』（風詠社）、『どんとこい！労働基準監督署 part2　知って得する憲法と行政法』（NC 労務出版部）、『ドキュメント社会保険労務士』、『社会保険労務士のための要件事実入門』（日本評論社）、『労働法を学ぶための「法学」講義』、『労働基準監督期間の役割と是正勧告』、『労働災害・通勤災害の認定の理論と実際』、『是正勧告の実務対策』、『労働法を学ぶための「要件事実」講義』（共著）（以上、中央経済社）、『労務トラブル 50』（清文社）、『負けず嫌いの哲学』（実務教育出版）、『残業代支払い倒産から会社を守るならこの 1 冊』、『給与計算するならこの 1 冊』、『労働災害・通勤災害のことならこの 1 冊』、『労働法のことならこの 1 冊』（以上、自由国民社）、『不当な残業代支払い請求から会社を守る就業規則』、『時間外労働と残業代請求をめぐる諸問題』、『労務管理の理論と実際』、『労働法を理解するための基本三法（憲法、民法、刑法）』（以上、経営書院）、『労働基準監督署があなたの会社を狙っている』（LABO・弁護士会館ブックセンター出版部）、ほか多数。

心構えを変えれば道は拓ける

What if we rewrite the stars

2021年8月20日　第2刷発行
著　者　河野順一
発　行　株式会社 日本橋中央労務管理事務所出版部
〒101-0062　東京都千代田区神田駿河台1-7-10
YK駿河台ビル5階
Tel：03（3292）0703
Fax：03（3292）0705
発　売　株式会社 星雲社（共同出版社・流通責任出版社）
〒112-0005 東京都文京区水道1-3-30
Tel：03 (3868) 3275
印刷・製本　株式会社 シナノ パブリッシング プレス

ISBN978-4-434-29302-3　C2034